현대 유럽의 사회와 문화

현대 유럽의 사회와 문화

김남연, 김이섭 공저

 한국학술정보(주)

서 문

　유럽은 어디로 가고 있는가? 과연 유럽의 통합이 실현 가능한 것
인가? 21세기의 유럽은 어떠한 모습으로 우리에게 다가올 것인가?
지금 유럽에서는 역사상 단 한 번도 시도되지 않았던 실험이 진행되
고 있다. 이 실험의 성공여부는 어느 누구도 예측할 수 없다. 한 편
의 드라마보다 더 극적인 유럽의 통합과 더불어 새로운 변화의 물결
이 지구촌을 휘감고 있다.

　우리는 산업사회에 이어 정보사회를 경험하고, 동서냉전의 종식과
더불어 세계화 내지 지구화를 실감하게 된다. 유럽은 경제통합뿐 아
니라, 정치와 문화의 통합을 향해 나아가고 있다. 그리고 세계의 중
심축으로 발돋움하고 있다. 유럽에서 펼쳐지고 있는 통합의 과정에
는 수많은 장애물과 걸림돌이 깔려 있다. 하지만 유럽과 세계의 평
화와 번영을 위해 반드시 풀어야 할 역사적인 과제이기도하다. 이러
한 맥락에서 우리는 유럽의 어제와 오늘, 그리고 내일을 이해하려고
하는 것이다.

　유럽은 그리스-로마 문화와 기독교 문화, 게르만 문화의 공통분모
를 지니고 있다. '다양성 속에서의 단일성', '무질서 속에서의 질서'
를 찾는 것은 결코 모순이 아니다. 차이를 인식한다는 것은 '나와
다른 남'이 더불어 존재한다는 사실을 인식하는 것이며, '나'를 이해
하기 위해서는 '남'을 이해하는 것이 필수적인 전제조건이 되는 것
이다. 또한 '우리'가 서로 공존할 수 있는 세계를 만들어나가는 첫걸
음이기도 하다.

이 책은 유럽의 정치, 경제, 사회, 문화 등 거의 모든 주제를 다루고 있다. 그리고 풍부한 통계자료와 현실적인 정보를 담고 있다. 이 책은 유럽의 사회와 문화에 관심이 있는 사람들, 유럽 지역학을 공부하는 사람들, 유럽통합과 연계된 분야에 종사하는 사람들을 위해 쓰여졌다고 할 수 있다. 이 책을 통해 유럽에 대한 이해와 인식의 지평이 넓어지기를 바라는 마음이다.

2004년 5월,
지구촌의 자그마한 신촌골에서
김남연, 김이섭

목 차

1. 유럽의 지리적 환경

◆ 유럽 지형의 역사

유럽의 지리적 역사는 지구의 역사와 다르지 않다. 즉, 40억 년 전으로 거슬러 올라간다. 대서양은 1억 1500만 년 전에 생겨났고, 오늘날의 유럽은 6000만 년 전에 형성되었다고 추정된다. 지금도 알프스 산맥은 천 년마다 1미터씩 높아지고, 포 평야는 동일한 속도로 가라앉고 있다.

고생대 석탄기에 형성된 칼레도니아 습곡은 독일의 하르츠 산맥. 영국 섬의 남부, 이베리아 반도 서쪽에서 프랑스를 거쳐 독일로 벌어지는 V자형이다. 중생대는 해양의 침입시기라고 할 수 있다. 바다가 유럽의 평원을 뒤덮고, 거기서 침적암층이 형성되었다. 침전물들의 무게로 인해 프랑스에서는 파리 분지와 아키텐 분지, 영국에서는 런던 분지가 형성되었고, 독일에서도 분지가 형성되었다. 신생대에는 피레네 산맥과 알프스 습곡이 형성되었다. 유라시아와 아프리카 판의 이동으로 유럽 남부의 전 지역에 새로운 산맥이 형성되었다. 빙하시대에는 유럽 북부와 높은 산들이 네 차례에 걸쳐 빙하에 의해 깎여졌다. 그리고 바람이 작은 입자들을 옮겨 비옥한 토양을 만들어 냈다. 빙하가 녹으면서 해수면이 높아졌고, 이로 인해 영불 해협이 생겨나고, 영국 섬은 대륙에서 갈라져 나왔다. 리아스식 해안도 이 때에 형성되었다.

◆ 유럽의 전체적인 지형

유럽의 평균 고도는 **300m**를 넘지 않는다. 유럽에는 다른 대륙에서 찾아볼 수 있는 거대한 고원이나 평야가 없다. 유럽 **15**개국의 산악지대는 험악하지 않다. 북유럽의 대평야는 프랑스에서 시작해 독일의 국경지대 너머로까지 이어진다. 빙하는 퇴석으로 이루어진 구릉이나 호수의 흔적으로 남아 있다. 침적분지에서는 황토로 뒤덮인 고원과 비탈, 분지를 이루는 구릉이 관찰되기도 한다. 빙하에 의해 형성된 스웨덴과 핀란드의 분지에는 호수를 포함한 고원이 많다. 높은 산은 신생대에 생겨난 산들이 습곡작용을 하면서 형성되었다. 습곡작용은 피레네 산맥처럼 직선모양을 이루거나, 알프스 산맥처럼 활모양을 이룬다. 침식작용에 의해 갈려진 산꼭대기는 매우 첨예하다. 이처럼 날카로운 첨봉은 **3,000m**를 넘기도 한다. 예를 들어, 아네토 첨봉은 **3,404m**, 시에라 네바다는 **3,480m**나 된다. 유럽 **15**개국 가운데 가장 높은 첨봉은 몽블랑으로 고도가 **4,807m**에 이른다. 높은 산꼭대기 지형에는 만년설과 빙하가 뒤덮여 있다. 이들 지역들 가운데 일부는 아직도 화산분출과 지진의 위험에 노출되어 있기도 하다.

◆ 유럽의 기후

유럽의 기후는 비교적 온화한 편이다. 적도지방처럼 습하지도 않고, 사막지대처럼 건조하지도 않다. 북구의 일부 지역을 제외하고는 연평균 기온이 영상 10-18도이다. 유라시아의 서부에 위치한 유럽은 서쪽에서 동쪽으로 대기의 순환이 일어나는 특성을 갖기 때문에 해양성 기후의 영향을 더 많이 받는다.

유럽연합은 스웨덴과 핀란드를 제외하고는 북회귀선과 북극권 사이에 위치해 있다. 유럽지역은 높은 위도에도 불구하고 해양의 영향으로 기온차가 그리 크지 않다. 걸프 만류의 연장선에 있는 북대서양 편류의 따스한 해류는 겨울의 서부연안을 따뜻하게 만든다. 차가운 극지방의 대기와 따뜻한 적도의 대기는 저기압을 형성하면서 극전선을 따라 만난다. 일반적인 대기순환의 영향으로 저기압은 서유럽에서 동유럽으로 움직이면서 불안정한 기후를 야기한다. 겨울에는 극전선이 남쪽으로 가고, 여름에는 아코레스의 고기압이 극전선을 북쪽으로 밀어낸다. 또한 겨울에는 시베리아의 건조하고 차가운 대기, 여름에는 사하라의 건조하고 뜨거운 대기가 유럽에서 만난다.

대서양 서부지역에는 안개비나 이슬비가 일년 내내 뿌린다. 추운 계절에는 이러한 현상이 보다 자주 발생한다. 여름에는 비교적 기온이 낮고, 겨울에도 그리 춥지 않지만, 전체적으로는 기후가 불안정하다고 말할 수 있다. 동쪽의 내륙지방은 바다에서 멀수록 기온의 격차가 커진다. 겨울은 평균 0도에 가까우며 서리가 내릴 가능성이 있다. 여름에는 평균 영상 20도를 웃도는 더운 날씨가 계속되며 외우의 위험도 적지 않다.

남쪽의 지중해 지역은 대기가 맑고 기온이 높다. 평균 영상 8-10도에 이르는 온화한 겨울과 영상 23-27도의 더운 여름이 특징이라고 할 수 있다. 가을에서 봄 사이에는 거친 소나기가 퍼붓기도 하지만, 여름은 비교적 건조한 편이다.

걸프 만류가 노르웨이 연안으로 더운 기운을 가져오기 때문에 극지방의 영향이 그리 크지는 않다. 하지만 겨울의 차가운 기간이 매우 길고, 낮이 긴 여름은 매우 짧다.

◆ 유럽의 식물

다양한 기후는 다양한 식물이 자라날 수 있는 조건이다. 수천 년 전부터 자연 숲이 인간에 의해 개간되면서 많이 사라지기는 했지만, 유럽에는 아직도 숲이 많이 남아 있다.

대서양 지역의 습하고 온화한 겨울은 식물의 성장을 돕는다. 해양 지역은 낙엽수림 지역으로 되어 있는데, 떡갈나무와 떡갈나무류의 소사나무, 느릅나무 등이 주종이다. 비가 조금 더 많고 기온이 비교적 낮은 지역에는 너도밤나무와 물푸레나무가 많다. 바닷바람이 심한 지역에는 금작화나 가시양골담초, 히스, 고사리 등이 자라는데, 그것은 인간에 의해 숲이 파괴되고 있다는 증거이기도 하다.

대륙지역에는 낙엽수림이 대부분이지만, 겨울이 유난히 혹독할 경우에는 자작나무, 오리나무 등이 많이 자란다. 가끔은 전나무, 낙엽송, 가문비나무 등의 침엽수가 섞일 수도 있다. 스웨덴과 핀란드의 숲은 침엽수림과 이탄지가 섞여 있다. 이끼와 지의(地衣), 짧은 풀로 구성된 툰드라는 북쪽의 높은 지역에 나타난다.

지중해 지역에서는 여름철에 수분의 증발을 막아야 하기 때문에 식물의 잎 표면이 반들반들하고, 가시가 솟아 있기도 하다. 향식물에는 염분이 포함되어 있다. 지중해 지역의 숲은 털가시나무와 코르크

떡갈나무, 왜금 송과 같은 침엽수가 주종을 이룬다. 이베리아 반도의
건조지역은 스텝 지역이지만, 사막은 존재하지 않는다.

산악지대의 식물 분포는 기온과 밀접한 관련을 맺는다. 즉, 지역
의 고도와 태양의 노출에 달려있는 것이다.

◆ 유럽 각국의 숲

국가명	숲의 총면적 (1000ha)	백분율
아일랜드	410	5.9
네덜란드	330	8.9
영국	2,360	9.6
덴마크	490	11.4
벨기에	640	21.3
독일	7,750	21.7
룩셈부르크	70	23
에스파니아	12,510	24.7
프랑스	14,700	26.9
이탈리아	8,550	28.2
유럽 15개국	105,540	28.9
포르투갈	3,100	33.7
오스트리아	3,190	40
그리스	6,030	45.7
스웨덴	22,050	49
핀란드	23,360	69.3

◆ 유럽의 강과 바다

매우 조밀하게 형성된 유럽의 강과 하구는 바다에 가깝기 때문에 크기가 작고 유량이 적다. 가장 큰 강인 라인강도 볼가강에 비해 세 배나 짧고, 하구의 유량은 아마존의 유량보다 80배나 적다. 타게강은 관개사업과 전기생산으로 인해 훼손되었고, 라인강은 항해에 알맞게 변형되었다.

대양으로 흘러드는 강은 고요하고 고르게 움직인다. 주로 빗물에 의해 만들어지는 유럽의 강은 겨울에는 유량이 많고, 여름에는 수위가 낮다. 이와는 반대로 대륙지역에 위치한 강은 겨울에 수위가 낮아진다. 봄에 수위가 높아지는 현상은 겨울에 쌓인 눈이 녹기 때문이다. 여름에 수위가 높아지는 경우는 뇌우와 관련이 있는데, 특히 뇌우가 빙하가 녹는 것을 조장하기 때문이다. 지중해 지역의 강은 여름에 유량이 매우 적다. 다른 계절에는 거센 소나기로 인해 수위가 갑자기 높아지는 경우가 있다. 1966년에는 아르노에서 플로렌스까지 위험할 정도로 수위가 증가하기도 했다.

유럽연합에서 가장 큰 강인 라인강은 길이가 1,320㎞이다. 수로 분지는 251,800㎢이고, 하구의 평균 유량은 2,200m3/s이다. 라인강은 생고다르 산맥에 있는 스위스 빙산에서 시작해 프랑스와 독일을 지나 네덜란드에서 레크강과 발강의 두 줄기로 북해로 들어간다.

◆ 유럽의 강

포	675km
베저	732km

센	776㎞
론	812㎞
다뉴브	850㎞
에브르	927㎞
마스	950㎞
루아르	1,012㎞
타게	1,038㎞
엘 베	1,127㎞
라 인	1,320㎞

◆ 유럽의 인구

침략이 있을 때마다 민족과 문화가 서로 뒤섞였기 때문에 유럽의 주민은 인종학적으로 매우 다양하다. 유럽의 평균 인구밀도는 1㎢당 114명이지만, 지역에 따라 불균형하게 분포되어 있다.

유럽에서의 지속적인 전쟁은 종족의 혼합을 가져왔다. 기원전 9세기에는 켈트족이 중앙 유럽에서, 기원전 7세기에는 그리스인이 지중해 연안에서 지배권을 장악했다. 로마인은 기원전 1세기에 지중해 지역을 지배했다. 프랑크족은 북부 골에, 서고트족은 스페인에, 동고트족은 이탈리아 북부에 들어왔다. 8세기에는 아랍인이 스페인과 프랑스 남부에 자리잡게 된다. 19세기 말과 20세기 초부터 빈곤한 국가인 폴란드, 이탈리아와 스페인 등의 주민들이 독일이나 프랑스와 같이 부유한 나라로 일자리를 얻기 위해 몰려들었다. 제2차 세계대전 이후에는 경제적인 발전 덕분에 옛 식민지에서의 이민이 늘어났다. 영국으로 이주한 인도인과 파키스탄인, 프랑스로 이주한 북아프리카의 마그랩인들이 대표적이라고 할 수 있다.

유럽연합의 평균 인구밀도는 114명/㎢이지만, 국가마다 큰 차이를

보인다. 즉, 네덜란드의 라인강과 란트스타트의 산업지대나 이탈리아
의 포 평야와 같은 비옥한 농경지에는 인구가 조밀하다. 하지만 스
페인이나 그리스, 스칸디나비아의 경우처럼 너무 춥거나 척박한 땅
에는 인구가 적으며, 빈곤한 지역을 떠나는 주민들도 적지 않다. 도
시계획의 정도에 있어서도 상당한 차이를 보이는데, 예를 들어 영국
의 경우에는 인구의 **90%**가 도시지역에 집중되어있는 반면에 포르투
갈의 인구는 **31%**만이 도시에 몰려 있다.

◆ 인구 조밀지역 (1994년)

국가	인구(100만)	조밀도(주민수/㎢)
핀란드	5.1	15
스웨덴	8.8	19.6
아일랜드	3.6	51
스페인	39.2	78
그리스	10.4	79
오스트리아	8.0	95
프랑스	58.0	105
포르투갈	9.9	107
유럽연합	370.9	114
덴마크	5.2	121
룩셈부르크	0.4	155
이탈리아	57.2	190
독일	81.2	228
영국	58.4	239
벨기에	10.1	331
네덜란드	15.4	415

1950년대의 경제 붐에도 불구하고 유럽의 인구증가는 20세기 초
부터 급격히 둔화되기 시작했다. 그리고 인간의 수명연장과 더불어

유럽주민의 노령화가 촉진되었다. 세계인구에 대한 유럽인구의 비율은 꾸준히 감소하고 있다.

유럽연합 국가들의 자연 증가율은 대부분 감소추세에 있다. 독일의 경우에는 사망자가 출생자보다 많다. 출산율은 1965년 이래로 눈에 띄게 감소했다. 유럽연합의 인구증가에 큰 몫을 차지했던 이민도 감소하고 있다. 예외적으로 아일랜드의 출산율은 유럽연합에서 가장 높은 14%를 기록하고 있다.

나이에 따른 인구분포는 유럽연합의 국가들이 거의 비슷하다. 하지만 아일랜드는 0세에서 14세의 나이층이 다른 나라에 비해 많은 것으로 나타났다.

2. 유럽의 국가적 환경

그 리 스

그리스 국토의 **80%**는 산악지대이다. 연안지대와 내륙지방에 위치한 평야는 극히 일부분에 지나지 않는다. 섬들은 **2000**여 개가 넘고, 전체 면적의 **20%**를 차지하고 있다. 인구층은 젊고, 인구의 **24%**가 농촌에 거주하고 있다. 특히 아테네, 테살로니키와 같은 연안지방과 테살리아에 집단취락을 형성하고 있다. 그리스는 포르투갈과 마찬가지로 해외 이주자의 수가 많다. 이들 가운데 미국에 이민간 사람들이 가장 많고, **32**만 명 정도가 현재 독일에서 일하고 있다.

◆ 기 후

여름에는 일조량이 많고 더우며 건조하다. 겨울은 온화하며 비가 많이 내린다. 산악의 영향으로 고지에서는 겨울에 눈이 잦다. 그리스의 서부는 바람이 많이 불고, 동부보다 비도 많이 내린다. 예를 들어, 서부해안에 위치한 코르푸의 연간 강수량은 **1,365mm**인 반면,

동부의 테살로니키는 **435mm**이다. 북쪽 지역의 여름은 남쪽보다 덜 건조하다.

◆ 도 시

그리스의 수도 아테네는 항구 피레우스와 더불어 동지중해에서 가장 중요한 도시이다. 또한 그리스 제1의 도시로서 전체인구의 **33%**가 살고 있다. 아테네의 팽창은 탈농현상과 맞물려 급속도로 진행되고 있다. **20세기** 초까지만 해도 아테네 인구는 겨우 **20만** 명을 헤아릴 정도였다. 아테네는 가장 활발한 산업지역이자 소비의 중심지이다. 아테네는 그리스 북부의 중심지인 테살로니키와 고속도로로 연결되어 있다.

◆ 경 제

유럽연합의 국가들 가운데 그리스가 농업에 종사하는 인구가 가장 높다. 주로 가족단위로 이루어지는 소규모의 농경작업이 현대화되고 있다. 보다 발전된 배수작업과 관개작업을 통해 경작지가 점차 넓어지고 있다. 담배나 과일, 야채는 다른 유럽연합국에 수출되는 주요작물이다.

60년대부터 발달된 대규모의 산업은 아테네와 테살로니키 주변에 밀집되어 있는데, 정부나 외국의 대기업이 장악하고 있다. 정유업의 **Exxon**과 같은 미국계 회사, 알루미늄업계의 **Pechiney**와 같은 유럽계 회사가 대표적인 경우이다. 섬유산업은 그리스의 자본에 의해 발전하고 있다.

그리스의 경제구조는 교역과 관광산업에 의해 영향을 받는다. 3차 산업 분야의 우세는 상업과 항해라는 그리스의 오랜 전통으로 설명될 수 있다. 대규모의 상업문화가 아직 발달되지 않은 반면, 소규모의 상행위는 성행하고 있다. 대외무역의 경우에 그리스는 유럽연합에서 소외되어 있다. 주요 교역은 바다를 통해 이루어진다. 그리스 선주들의 상선 수는 세계 1위이지만, 이 가운데 40%만이 그리스의 깃발을 달고 항해한다.

서비스 산업의 주요부분이 관광자원 덕분이다. 관광객의 수는 해마다 늘어나고 있다. 1992년에는 1000만 명의 그리스인이 870만 명의 외국인을 받아들인 셈이다. 이로써 관광업이 국가의 가장 중요한 수입원이 되었다.

◆ 해외 관광객의 수

연도	관광객의 수
1983	5,000,000
1985	7,000,000
1988	8,200,000
1992	8,700,000

◆ 노동인구 분포 (1992년)

1차산업	21.9%
2차산업	25.4%
3차산업	52.7%

◆ 무 역 (1993년)

총수출 (72억 에큐)	총수입 (189억 에큐)
다양한 제조품: 60%	기계와 운수장비: - 30%
식료품 : 20%	다양한 제조품: - 18%
석유, 윤활유: 7%	화학제품: - 10%

◆ 인 구

그리스의 인구분포는 아테네-테살로니키를 축으로 하는 비옥한 초승달 모양의 지대에 편중되어 있다. 그리스인들 가운데 33%가 아테네에 거주하고 있다. 칼리테아처럼 수십 만 명의 주민이 살고 있는 구역의 녹지면적은 파리의 작은 공원에도 미치지 못한다. 19세기 이래로 많은 그리스인들, 특히 마케도니아와 도서지방 주민들이 해외로 이주해나갔다. 이들 가운데 일부는 일자리를 찾아 유럽연합의 부유한 국가로 떠나기도 했다. 그 결과로 농촌은 심각한 위기를 맞게 되었다.

◆ **인구 조밀지역 (1990년)**

아테네	3,096,000
테살로니키	977,000
라리사	269,000
헤라클리톤	263,000
파트라스	172,000

네 덜 란 드

네덜란드는 해군력, 상업과 무역, 식민지 개발, 그리고 수많은 전쟁 등으로 특징지워진다. 네덜란드의 역사는 땅을 정복하고 바다의 범람으로부터 땅을 지키기 위한 투쟁의 역사이기도 하다.

네덜란드는 1㎢당 인구밀도가 415명으로 유럽연합 국가들 가운데 가장 높다. 1인당 국민소득은 15개국 가운데 8위이다. 네덜란드가 번영할 수 있었던 원인은 무엇보다 바다에 인접해 있고, 라인강을 따라 내륙 쪽으로 넓게 펼쳐진 지리적 조건 때문이다.

◆ **지 형**

네덜란드 국토의 25%가 해수면보다 낮다. 따라서 사구와 둑을 쌓음으로써 범람을 막아야 한다. 20세기에는 두 가지의 대형사업이 행해졌다. 하나는 지데르제의 배수사업인데, 길이가 30㎞나 되는 둑을 건설함으로써 도로로 활용함과 동시에 12만ha의 담수호를 분리시켰다. 다른 하나는 1953년에 해일로 인해 1,850명의 사망자가 생긴 뒤에 세워진 '델타 계획'이다. 이 계획에 따라 라인강, 마스강의 저지대를 보호하기 위해 둑과 방파제가 세워졌다.

◆ 집약농업

숲, 호수, 인구 밀집지대나 교통로 때문에 실제로 유효 경작지는 국토의 54%에 불과하다. 목축과 낙농업은 농가수입의 2/3를 차지하며, 유효 경작지의 35%는 프리슬란트 젖소의 방목지로 사용된다. 할렘 지방의 튤립은 세계적으로 유명하다.

네덜란드의 농업은 1ha당 700파운드라는 밀밭의 생산성이 증명하고 있듯이 매우 집약적이다. 그것은 경작의 전문화와 비닐 하우스 안의 기후조건을 전자식으로 조절하는 고효율의 경작기술, 연구개발, 경작자들의 우수한 자질 덕분이다. 네덜란드의 원예학교는 60개가 넘는다.

◆ 화훼산업

50개가 넘는 '시계시장'은 협동조합의 형식으로 과일과 야채 판매의 90%, 화훼 판매의 80%를 담당한다. 경매는 감소추세이며, 생산자가 최소 판매가를 정하는 방식을 택하고 있다. 이 시장들은 자체적으로 텔렉스와 컴퓨터 망을 통해 연결되어 있다. 프랑스 시장 랭지스에서 판매되는 꽃의 40%가 여기서 구입된 것이다.

◆ 배수작업

물이 짜게 되는 것을 막기 위해 끊임 없이 배수작업을 해야 한다. 제1차 작업은 물을 뺄 곳의 주위를 흙으로 둘러쌓는 것이다. 그리고 그 안에 펌프장을 설치하고, 띠 모양의 운하를 판다. 펌프질이 끝나도 배수 간척지의 밑바닥은 사람이 접근할 수 없다. 그래서 흙을 단단하게 하고 잡초가 자라나지 않도록 하기 위해 비행기를 이용해 갈대를 심는다. 몇 년 뒤에 갈대를 거두어들여 불태워버린다. 땅이 어느 정도 굳어지면 개울을 판다. 그리고 사암이나 플라스틱 소재로 된 배수관을 도랑에 묻는다. 플레볼란트-에스트의 배수관 길이는 지구를 한 바퀴 돌 정도로 길다. 이 곳에서 배수 간척지의 물을 빼는 작업은 거의 7년이나 걸렸다.

◆ 경 제

고효율의 수송과 제조업에서의 풍부한 노동력 덕분에 항만지방을 중심으로 산업활동이 원활하게 이루어지고 있다. 암스테르담에서 바다로 연결되는 운하의 끝에 위치한 리무덴은 철강 생산량이 연간 6Mt으로 네덜란드 제철업의 최대 중심지이다. 로테르담과 암스테르담의 항만지역에는 석유제련, 화학, 석유화학, 전기전자 제조 및 농산물 가공이 발달해 있다.

네덜란드 제1의 금융 중심지인 암스테르담은 1611년에 유가증권을 다루는 세계 최초의 증권시장이 만들어진 곳이기도 하다. 오늘날 증권 거래량은 파리의 그것과 견주어 절반을 조금 웃도는 수준이다.

1960년에 그로닝겐 지방과 북해에서 천연가스가 발견됨으로써 네덜란드는 세계 4위의 천연가스 생산국이 되었다. 네덜란드는 에너지 수출국이다.

◆ 세계 최초의 항구인 로테르담

로테르담은 세계 최초의 항구로서 **282Mt**의 운송량을 자랑한다. 라인강과 거대 산업지대인 루르의 출구에 위치한 이 항구는 라인강과 다뉴브강이 연결되면 곧바로 동유럽으로 이어질 것이다. 35만 톤의 유조선이 들어올 수 있는 로테르담의 외항인 유로포트는 다양한 해상활동과 산업활동을 가능하게 한다. 유조선이나 석탄, 철강을 나르는 수송선들이 대부분을 차지하는 로테르담은 북서부 유럽으로 이동하는 정유시장에서 매우 중요한 역할을 담당하고 있다.

◆ 대규모의 다국적 기업들

필립스가 그 좋은 예이다. 필립스는 1894년에 전구를 제조하던 소규모 공장에서 출발했다. 1993년에는 238,000명의 노동자를 고용하고, 1850억 프랑의 매출액을 달성하면서 세계 32위의 기업으로 성장했다. 급기야는 매출액이 1750억 프랑인 프랑스 제2의 기업 르노를 앞지르게 되었다. 필립스는 일본과의 경쟁을 위해 프랑스 기업인 톰슨과 계약을 맺었다. 필립스 그룹의 정책은 아인트호벤에서 결정되지만, 필립스 직원의 80%는 세계 각처에 산재한 50여 개의 공장에서 일하고 있다.

◆ 무 역 (1993년)

총수출 (1,188억 에큐)	총수입 (1102억 에큐)
운송기계와 설비: 24%	운송기계와 설비: 31.5%
식품류: 18%	제조품: 16%
석유제품: 16.5%	석유제품: 14.5%
제조품: 13.5%	식품류: 14%

◆ 인구 조밀지역 (1993년)

암스테르담	1,091,000
로테르담	1,069,000
라애	694,000
우트레크	543,000
아인트호벤	390,000

덴 마 크

덴마크 왕국은 스칸디나비아 반도 국가들 가운데 처음으로 1973 년에 유럽연합의 가입국이 되었다. 덴마크는 민주적이고 적극적이며 번영된 국가로서의 대외 이미지를 지니고 있다. 덴마크 국민들은 유 럽연합 15개국 가운데 가장 높은 생활수준과 사회보장의 혜택을 누리고 있다. 덴마크는 다른 산업국가들처럼 85%의 인구가 도시에 집중되어 있고, 이미 고령화 사회로 접어들었다. 즉, 낮은 출산율로 인해 65세 이상의 노인수가 15세 미만의 아동수와 거의 같아지고 있다. 현재는 각각 15.4%, 17%이다.

◆ 지 형

400개가 넘는 섬들로 이루어진 덴마크는 유틀란트 반도가 국토 총면적의 2/3를 차지한다. 국경을 이루는 육지의 길이가 68㎞인데 반해 해안의 길이는 7,314㎞이다. 덴마크는 스코틀랜드와 아일랜드 사이에 위치한 페로 군도와 그린란드를 포함하고 있다. 그런데 이들 자치영토는 유럽연합에 속해 있지 있다. 페로 군도는 가입을 거부했고, 그린란드는 1982년에 유럽연합에서 탈퇴했다. 덴마크는 북해와 발트해 사이의 해협을 관할하고 있다.

◆ 경 제

빙하에 의해 형성된 점토와 모래 언덕이 농민들의 피눈물나는 노력 덕분에 유용한 농경지로 변했다. 농경면적은 전체 국토의 65.4%를 차지한다. 평균 32ha의 농장에서는 노동인구의 5.2%가 일하고 있다. 이러한 농장들은 고성능 장비를 갖추고, 협동조합에 가입해 있다. 높은 부가가치를 지향하는 산업분야에서는 공작기계, 농기구, 전기전자 제조, 의약품 등이 주요분야이다. 식품과 농업분야는 노동력의 15%를 고용하며, 산업 매출액의 33%를 담당하고 있다.

덴마크는 자국에서 생산된 농산물 가운데 **25%**, 공산품 가운데 **40%**를 수출하고 있다. 대외무역의 **55%** 이상이 유럽연합국들과 이루어지고 있다.

덴마크의 어업은 수확량에 있어 유럽연합국들 가운데 선두를 차지하며 수출은 세계 3위이다. 콘테이너를 갖춘 상선들이 국가 전체의 소비량을 초과할 정도의 물량을 운송하고 있다. 이로 인해 고용창출과 외국환의 유입이 촉진된다.

◆ 무 역 (1993년)

총수출 (315억 에큐)	총수입 (260억 에큐)
식품과 축산품: 25.2%	생산기계와 운송장비: 30.1%
생산기계와 운송장비: 26.7%	수공업 제품: 33.4%
화학 관련제품: 10%	식품과 축산품: 12.2%
	연료 광석: 4.6%

◆ 인구 조밀지역 (1992년)

코펜하겐	1,342,000
아뤼스	609,000
오덴스	180,000
알보르그	155,000

독 일

독일연방공화국은 1949년에 미국, 영국, 프랑스의 점령지역에 세워졌다. 같은 해에 소련의 점령지에 세워진 독일민주공화국(동독)과의 통합은 1990년에 마무리되었다.

◆ 지 형

스칸디나비아 반도에서부터 대륙빙하에 의해 형성된 평야가 서쪽에서 동쪽으로 펼쳐진다. 퇴석층 언덕은 커다란 꽃잎이 겹쳐진 형태로 빙하의 흔적을 담고 있다. 토양의 특성과 지형, 식물군, 배수 형태 등에 따라 크게 세 지대로 나누어볼 수 있다. 즉, 퇴석된 자갈과 모래로 형성된 광야, 퇴석 언덕 앞부분에 해당하는 불모지, 그리고 토탄지대를 메우고 있는 늪지대가 그것이다. 별로 높지 않은 발틱해안은 수많은 협만에 의해 깊이 파여 있다. 북해 해안에는 배수 개척지가 형성되어있다. 중부 산악지대 아래로는 비옥한 황토의 기름진 평원이 펼쳐져 있다. 쾰른 지방에서 라이프치히까지 이어지는 이 지역은 폭이 40㎞에 이른다.

중부 독일에는 오래되고 우람한 산괴(山塊)가 펼쳐져 있다. 서쪽으로는 편암질의 라인강 연안 산맥과 슈바르츠발트, 중앙에는 하르츠, 동쪽에는 튀링엔 수림과 에르츠게비르게 산맥이 뻗어 있다. 침식작용에 의해 평평해진 산괴는 제3기 시대에 화산활동으로 인해 들려나가고 잘려져 있다. 대부분은 금속 광맥을 지니고 있고, 가장자리는 주로 석탄광산이 위치해 있다. 가장 넓은 분지는 라이프치히 주변에 위치해 있다.

독일의 알프스 지역은 북쪽으로 다뉴브 강을 경계로 하고 있다. 바이에른 지방의 석회석 지대가 남으로부터 북으로 이어진다. 산맥 자락에 숲이 우거지고 가파른 언덕들이 있으며 수많은 호수와 자갈 투성이의 고원이 펼쳐진다.

토지와 물줄기는 바둑판 모양을 이루고 있는데, 이러한 지형은 독일에 중앙집권적인 제도가 힘들다는 사실을 보여주는 증거이기도 하다.

◆ 기 후

	함부르크	마인츠	뮌헨
1월달 평균기온	0.3도	1.1도	-2.3도
7월 평균기온	17.1도	19.2도	17도
연강수량	740mm	515mm	904mm

◆ 경 제

세계 4위인 독일의 경제는 자유주의적 모델의 모범적인 사례로 꼽힌다. 1945년 패전 이래로 불과 몇 년 사이에 이루어진 국가재건은 '독일의 경제기적'이라는 신조어를 낳았다. 독일은 1970년대의 세계불황도 잘 극복해냈다. 하지만 서로 다른 체제의 통합으로 인해 1996년에는 400만 명에 이르는 실업자를 양산하게 되었다.

구서독의 경제를 일으킨 원동력으로는 견고한 하부구조적 네트워크, 건설능력, 풍부한 천연자원, 막대한 연구투자, 우수한 노동력, 공동관리와 협상능력 등을 꼽을 수 있다. 은행은 중소기업들을 위해 적극적인 지원을 아끼지 않았다. 양질의 생산품, 세계적으로 널리 채택되는 독일의 기술규격, 무역업체들의 판촉활동과 효율적인 사후관리 덕분에 독일의 산업체들은 해외시장의 활로를 넓힐 수 있었다.

독일의 전체 노동인구 가운데 55%가 3차산업에 종사하고 있지만, 2차산업에 종사하는 인구가 40%에 달한다. 따라서 유럽의 다른 나라에 비해 제조업이 큰 비중을 차지하고 있음을 알 수 있다.

국가의 재정적인 지원 덕분에 석탄은 30%의 에너지 소비를 충당하고 있다. 물론 다른 전통적인 산업들이 침체국면에 빠지기도 했지만, 산업 현대화와 인력감축으로 인해 생산성이 향상되고 수익성이 증가했다. 예를 들어, 1970년에는 직물분야의 근로자 수가 40만 명이나 되었지만, 1990년에는 15만으로 줄어들었다. 특히 제철업의 경우에는 1993년에 강철 생산이 37.6 M톤에 이르렀다. 공작기계와 전기장비의 생산은 세계 1위인 화학분야와 더불어 가장 활발한 산업분야로 손꼽힌다.

◆ 무 역(1993년)

수출 (3,246억 에큐)	수입 (2,925억 에큐)
식품 및 음료: 5.1%	식품 및 음료: 9.6%
에너지 및 원료품: 3.2%	에너지 및 원료품: 12%
기계 및 수송장비: 49.7%	기계 및 수송장비: 34.6%
	직물: 3%

◆ 인구 조밀지역 (1992년)

베를린	3,460,000
함부르크	1,675,000
뮌헨	1,241,000
쾰른	958,000
프랑크푸르트	660,000
에센	627,000
도르트문트	600,000
슈투트가르트	596,000
뒤셀도르프	577,000
두이스부르크	538,000

룩셈부르크

　　1815년의 빈 회의에서 공식적으로 인정받은 룩셈부르크는 1867년 에야 비로소 독립적인 주권국가로서의 권리를 부여받게 되었고, 정부 는 중립을 표방했다. 1인당 국민소득은 26,424 달러로 매우 높은 생 활수준을 보여준다. 수도 룩셈부르크는 유럽연합의 3대 수도 가운데 하나이다. 유럽법원과 유럽투자은행의 본부가 이 곳에 위치해 있다.

◆ 지 형

룩셈부르크는 유럽연합에서 가장 작은 국가이다. 룩셈부르크의 전체면적은 2,586 ㎢이고, 인구는 40만 명이다. 1㎢당 인구밀도는 148명이며, 외국인이 전체인구의 27%를 차지하고 있다. 유럽연합국들 가운데 외국인의 비율이 가장 높다. 포르투갈, 이탈리아, 프랑스, 벨기에에서 이주한 사람들이 많다.

지리적으로 룩셈부르크는 두 개의 지역으로 구분된다. 아르덴 고원의 일부분인 북쪽의 외슬링 지방은 고도가 565m이며, 대부분 숲으로 덮여 있다. 남쪽의 구틀란트 지방은 로렌 지방을 따라 석회석질의 대륙붕과 점토성 이회암질의 침하지역이 이어져 있다.

◆ 경 제

1993년의 통계자료에 의하면, 룩셈부르크의 실업자 수는 활동인구의 2.6%밖에 되지 않는다. 이것은 유럽연합 국가들 가운데 무척 예외적인 경우이다. 룩셈부르크의 경제는 1921년에 벨기에-룩셈부르크 연합을 통해 벨기에 경제와 결합되었다. 1958년에는 베네룩스 3국의 탄생과 더불어 네덜란드를 협정에 끌어들였다.

룩셈부르크는 국토의 반이 농경지로 쓰이는데, 농가당 평균 경작면적은 약 35ha이다. 모젤 지방의 언덕과 평원에서 재배되는 포도밭은 리슬링과 트라미네같은 묘목으로 훌륭한 백포도주를 생산하고 있다.

오랫 동안 에슈-쉬르-악제트 탄광을 중심으로 제철기술이 발달했다. 하지만 지금은 1974년 수준의 반밖에 되지 않는 3.5 Mt의 철강만을 생산하고 있다. 경제위기 극복 이후에는 타이어와 플라스틱

소재의 화학공업, 전기제조 산업이 보강되었다. 굿이어나 제너럴 모
터스와 같은 수많은 외국기업들이 룩셈부르크에 진출해 있다.

◆ 금 용

 룩셈부르크는 금융과 자본의 중심지이다. 유럽에서의 역할, 금융보
장의 전통, 정치사회적 안정 덕분에 룩셈부르크는 유럽 금융의 중심
지로 자리매김할 수 있었다. 룩셈부르크에는 100개가 넘는 은행과
7000여 개의 지주회사들이 자리잡고 있다. 파격적인 조세 혜택이 외
국인들을 투자를 끌어 모으는 데 한몫을 하고 있다. 독일의 은행들
은 룩셈부르크의 은행자본을 반이나 관리한다.
 지주회사들의 배당금이나 주식거래에 대해서는 세금을 부과하지
않는다. 외국 거주자들에 대해서는 세금을 면제해주고, 금의 판매에
대해서도 부가가치세가 면제된다. 하지만 룩셈부르크 은행들은 이익
에 대해 세금을 내야 한다.

◆ 무 역 (1993년)

총수출 (57억 에큐)	총수입 (63억 에큐)
금속: 32.5%	전기설비: 18%
전기설비: 15%	금속: 15%
플라스틱: 13%	운송장비: 12.5%

◆ 룩셈부르크에서의 외국투자 비율

독일: 29%
스칸디나비아: 14%
벨기에와 룩셈부르크 합작: 12%
미국: 11%
다국적 자본: 11%
스위스: 6%
프랑스: 6%
아랍국가: 4%
일본, 중국, 소련, 폴란드, 이탈리아, 이스라엘: 각각 1%

◆ 인구 조밀지역 (1991년)

룩셈부르크	123,000
에슈-쉬르-악제트	24,000
디페르당쥬	16,000
더들랑쥬	15,000

벨기에

벨기에는 1830년 혁명과 더불어 태어났다. 1958년에는 헤이그 조약에 의해 네덜란드, 룩셈부르크와 더불어 베네룩스 3국에 편입되었다.

면적에 있어서는 프랑스의 노르망디 지방에 견줄 정도로 작지만, 국내총생산에 있어서는 유럽연합 국가들 가운데 7위를 차지하고 있다. 인구밀도는 331명/㎢로 매우 조밀한 편이며, 북서유럽의 중심부에 위치해 있다.

◆ 지 형

벨기에는 북서유럽 대평야의 극단에 위치해 있으며, 척박한 점토로 된 벌판이 긴 모래언덕을 따라 펼쳐져 있다. 벨기에는 집념어린 노력의 결실로 숲이 울창하고 비옥한 농업국가가 되었다. 진흙으로 메운 침전지에서는 집약적인 농업방식으로 밀, 사탕무우, 호프, 담배 등의 농작물이 수확되고 있다.

아르덴 사구는 고도 692m로 벨기에에서 가장 높은 지역에 속하는데, 떡갈나무와 가문비나무의 웅장한 수풀을 이루고 있다. 이 지역은 혹독한 추위 때문에 인구밀도가 그다지 높지 않다. 가장 추운 달의 평균기온은 0℃이며, 얼음이 어는 일수는 연간 120일 정도나 된다.

2. 유럽의 국가적 환경 / 37

◆ 다언어 국가

벨기에에는 4개의 언어권이 존재한다. 브뤼셀 남부를 동서로 가로지르는 경계선의 북쪽은 플라망 지방으로 국민의 58%가 밀집해 있다. 이 곳에서는 네덜란드어가 쓰인다. 인구의 33%를 차지하는 남쪽의 왈롱 지방에서는 불어가 사용된다. 브뤼셀 지역에서는 80%의 주민이 불어를 사용하지만, 20%는 네덜란드어를 사용한다. 독일과 인접해 있는 남동쪽의 지역에서는 약 7만 명의 주민이 독일어를 공식언어로 사용하고 있다.

1993년의 입헌개혁에 의해 벨기에는 플랑드르, 왈로니 그리고 브뤼셀의 3개 지방을 주축으로 하는 연방국가로 전환되었다. 1995년에는 벨기에 유권자들에 의해 최초로 지방의원들이 선출되었다.

◆ 세계도시 브뤼셀

브뤼셀과 겐트, 앙베르를 잇는 '금의 삼각지대'를 중심으로 벨기에의 도시망이 균형 있게 형성되어 있다. 플랑드르 지방에 위치한 수도 브뤼셀이 중심역할을 담당한다. 브뤼셀에 거주하는 100만 명의 인구 가운데 35%가 외국인이다. 플랑드르의 수도는 앙베르이고, 왈롱의 수도는 리에쥬이다.

브뤼셀은 유럽통합의 과정에서 정치적인 중심지로 떠올랐다. 이 곳에는 유럽연합의 각료이사회가 열리고, NATO 본부가 위치해 있다. 금융의 중심지이기도 한 브뤼셀은 80개가 넘는 대형 은행들이 밀집해 있다. 이들 가운데 60%는 외국자본이 주류를 이룬다.

◆ 벨기에에 거주하는 외국인의 수 (1993년)

이탈리아	24%
모로코	16%
프랑스	10.5%
터키	9.5%

◆ 노동인구 분포 (1992년)

1차산업	2.9%
2차산업	30.9%,
3차산업	66.2%

◆ 경 제

중세부터 벨기에를 통해 상업교류가 빈번하게 이루어졌다. 역사적으로 벨기에의 영토는 주변의 강대국들에 의해 짓밟히곤 했다. 벨기에는 네덜란드와 더불어 해상교통의 관문에 위치해 있으며, 라인강의 통로 역할을 하고 있다. 에스코강의 하류에 위치한 앙베르는 연간 교역량 102M톤 (1992년)을 자랑한다. 유럽연합에서 두번째로 큰 항구이다.

1970년의 지수를 100으로 설정해볼 때, 1987년에 불어를 사용하는 왈롱 지방의 산업생산 지수는 101.8이었다. 또한 네덜란드어를 사용하는 플랑드르 지방의 지수는 156.8으로서 빈부의 격차가 크다는 사실을 알 수 있다.

왈로니는 오랫 동안 석탄산업, 기계전자 제조업, 섬유산업, 철강업 부문의 자동화와 같은 산업분야의 기술부분에서 커다란 발전을 이루었다. 하지만 오늘날에는 광산이 폐광되고, 철강업은 가까스로 위기에서 벗어날 수 있었다. 샤를루아 지방에서는 생명공학과 전자산업 등의 첨단산업에 힘입어 새로운 산업구조를 정착시키기 위한 노력이 행해지고 있다. 도약단계에 들어선 플랑드르는 브뤼셀과 더불어 국가경제의 발전을 위한 견인차 역할을 수행하고 있다.

SIDMAR사는 겐트 지역에 철강단지를 구축했다. 1993년에 플랑드르 지방에서는 제너럴 모토스, 포드, 볼보, 르노와 같은 외국상표의 차량들이 120만대나 생산되었다. 이로써 벨기에는 주민당 세계 제1위의 자동차 생산국이란 명성을 얻게 되었다. 에스코강 하구와 앙베르는 석유정제와 화학단지, 기계전자 산업 등과 같은 집약적인 산업의 유치에 힘쓰고 있다.

◆ 무 역 (1993년)

총수출 (1,003억 에큐)	총수입 (937억 에큐)
수송장비: 16%	기계 및 전자제품: 17%
철강: 11.5%	수송장비: 13%
화학 생산품: 11%	화학 생산품: 9.5%
기계: 11%	광물: 9%

◆ 인구 조밀지역 (1993년)

브뤼셀	980,000
앙베르	470,000
강	232,000
샤를루아	208,000
리에쥬	200,000
브뤼쥬	117,000

스웨덴

북유럽국인 스웨덴의 국민들은 최상의 사회보장과 수준 높은 생활을 향유하고 있다. 1992년을 기준으로 국내총생산이 26,780달러로 세계 4위, 유럽연합국들 가운데서는 룩셈부르크에 이어 2위를 기록했다. 하지만 전통적으로 세계를 향해 문호를 활짝 개방한 스웨덴은 국제적 경쟁이 가속화되면서 심각한 경제위기를 겪고 있다.

◆ 기후와 인구

혹독한 추위가 스웨덴 기후의 특성을 이룬다. 겨울은 길고, 얼음이 어는 날이 많다. 여름은 선선하지만 매우 짧다. 스웨덴의 인구밀도는 1㎢당 19.6명으로 유럽연합 회원국들 가운데 낮은 편이다. 대다수의 스웨덴 사람들은 국토의 1/3 정도에 해당하는 남부지역와 해안에 몰려 있다. 황폐한 북부지역과의 불균형은 심각한 수준이다. 출산율과 인구 증가율이 무척 낮다.

◆ 경 제

침엽수와 자작나무가 국토의 반 이상을 덮고 있는 스웨덴은 목재 생산에 있어 세계 9위이다. 평원에서는 현대적인 기술을 보유한 농장들이 곡물을 생산하고 있다. 철강생산에 있어서는 세계 6위였지만, 20여 년이 지난 뒤에는 생산량이 절반으로 줄어들었다.

스웨덴에는 Electrolux나 SKF, 에릭슨과 같이 다국적 기업들이 여러 개 있다. 스웨덴은 볼보, 사브, 스카니아를 합병해 자동차 산업을 재조정했다. 스웨덴의 대외무역은 세계무역의 1.5%를 차지하고 있는데, 주로 유럽연합과 이루어진다.

◆ 시험대에 오른 '스웨덴식 모델'

스웨덴의 높은 생활수준은 개인 자본주의와 사회주의 사이의 독특한 중재 덕분이다. 정부가 개인이나 기업의 경제활동에는 잘 개입하지 않지만, 납세제도를 통해 사회보장과 연금제도라는 수익의 재분배를 실현하고 있다. 스웨덴식 모델은 부러움의 대상이기도 하다. 하지만 수년 전부터 경제상황이 악화되었다. 예산적자의 비율이 유럽에서 가장 높고, 1993년에는 실업률이 활동인구의 7.7%에 달했다. 스웨덴 정부 경제위기를 극복하기 위해 국민의 사회보험 보상율을 수정하고, 복지국가의 개념을 조정하기에 이르렀다.

◆ 노동인구 분포 (1992년)

1차산업:	4.7%
2차산업:	29.8%
3차산업:	65.5%

◆ 무 역 (1993년)

총수출 (462억 에큐)	총수입 (395억 에큐)
기계와 운송장비: 42.7%	기계와 운송장비: 36%
펄프 제지: 11%	화학제품: 10.5%
화학제품: 9.2%	

◆ 인구 조밀지역 (1993년)

스톡홀름	1,503,000
괴트보그	734,000
말모	480,000
웁살라	171,000

스페인

이베리아 반도에 위치한 스페인은 유럽에서 두번째로 국토면적이 크다. 스페인은 피레네 산맥에 의해 주변국들과 경계를 이루고 있는데, 수많은 산들과 구릉이 교통이나 소통에 적지 않은 장애를 초래하고 있다. 스페인은 대부분 지중해식 기후이지만, 지역에 따라서는 독특한 기후가 나타나기도 한다. 인구의 연령층이 젊기는 하지만, 출산율이 격감하고 있기 때문에 평균수명의 연장과 더불어 고령화가 진행되고 있다.

◆ 지 형

스페인의 중심에 자리한 메세타 산악은 높은 고원으로 형성되어 있다. 마드리드는 고도 **668m**로 유럽에서 가장 높은 곳에 위치한 수도이다. 칸타브리아 산맥, 몬테나 산맥 등에서는 골짜기를 따라 하천이 형성되어 다양한 풍경이 연출된다. 스페인은 해안의 길이가 **3,900㎞**로 동쪽은 북대서양, 남쪽은 지중해와 맞닿아 있다.

가뭄과 불볕 더위가 8개월 동안이나 기승을 부리는 알리칸테 지방의 여름은 지중해 기후의 전형을 보여준다. 일부 내륙지방에서는 겨울이 길고 몹시 춥다. 예를 들어, 세고비아에서는 겨울이 1년의 반이 넘도록 계속되며 강설량이 매우 많다. 북쪽 갈리스 지방은 대서양의 영향을 강하게 받는다.

◆ 도시의 집중화와 지역격차

스페인의 인구는 점차 도시로 몰려드는 경향을 보인다. 1970년에 60%이던 도시인구가 1993년에는 78%나 증가했다. 반면에 마드리드 수도권을 제외하고는 내부지방의 인구가 점차 감소하고 있다. 갈리 시아나 에스트레마두라 등에 거주하는 가난한 주민들이 대륙의 가장 자리에 위치한 바스크, 카탈로니아 지방이나 다른 대도시로 이주하 고 있다. 스페인은 마드리드와 바르셀로나, 북쪽의 사라고자, 남쪽의 세비야와 같은 주요 도시권들을 중심으로 형성되어 있다.

남부지방에 대한 북부지방의 우월성은 매우 오랜 역사를 지니고 있으며, 오늘날에도 여전히 남아 있다. 동부지역은 발전단계에 놓여 있다. 스페인에서 가장 발전된 카탈로니아 지방은 바르셀로나의 산 업기반 뿐 아니라, 농업과 관광업에 힘입어 국내총생산의 20%를 차 지하고 있다. 지중해에 인접해 있는 카탈로니아 지방과 발렌시아 지 방, 아라공, 발레아레스 섬에서 분출되는 역동적인 힘은 활발한 상업 활동과 적극적인 관광객 유치 덕분이다.

마드리드는 스페인의 중심부에 위치해 있고, 국가의 수도라는 잇 점 때문에 점차 발전하고 있다. 이와는 반대로 스페인의 오지와 농 촌지역은 여전히 경제적인 불균형과 빈부격차에 시달리고 있다. 안 달루시아 지방의 일부와 에스트레마두라 지역이 특히 그러하다. 이 곳에서는 농가수입이 적기 때문에 탈농현상이 두드러지게 나타난다. 석탄, 철강, 조선 등에 기반을 두고 있는 바스크와 갈리시아 지역은 전통산업의 위기 때문에 적지 않은 어려움을 겪고 있다.

◆ 경 제

오랫 동안 뒤쳐져 있던 스페인은 **60년**대부터 열린 경제를 지향하며 괄목할 만한 성장을 보여주었다. 스페인의 성장속도는 유럽에서 가장 **빠르**다고 할 수 있다. 스페인은 국가예산의 불균형과 무역수지 적자, 그리고 인플레이션을 어느 정도 극복했다. 하지만 실업률은 여전히 활동인구의 **21%**에 이른다.

스페인의 경제는 급속한 산업화, 유럽의 다른 나라에서 일하는 근로자들의 송금, 그리고 연간 **5천만** 명이 넘는 관광객들의 지출에 힘입고 있다. 자본뿐 아니라, 기술분야에서도 외국의 기여도가 매우 높다. 외국투자는 **1979**년 이래로 **8**배 이상이나 증가했다.

스페인은 철강, 화학등과 같은 기조산업과 자동차, 선박제조와 같은 수송설비, 현대적 도로망의 확충에 심혈을 기울였다. 농업분야의 발전도 빠르게 진행되었다. 생산효율은 **1975**년과 **1981**년 사이에 두 배 이상이나 증가했고, 관개시설이 갖추어진 비옥한 평야에서는 올리브, 포도, 감귤 등이 생산되어 해외로 수출되었다. 하지만 세계적인 경제위기 때문에 산업의 구조조정이 불가피하게 되었고, 활동인구의 1/5이 실업에 허덕이고 있다. (안달루시아 지방의 실업률은 **30%**, 카탈로니아 지방은 **18%**)

◆ 무 역 (1993년)

총수출 (543억 에큐)	총수입 (652억 에큐)
교통수단: 23%	교통수단: 12%
설비부문: 16%	설비부문: 23%
농산물: 15%	화학제품: 12%

◆ 1970-2000년의 인구변화

1970년	33,000,000
1980년	37,000,000
1988년	39,000,000
1990년	39,000,000
1994년	39,200,000
2000년	41,000,000

◆ 인구 조밀지역 (1991년)

마드리드	2,984,000
바르셀로나	1,653,000
발렌시아	777,000
세비야	683,000
사라고자	614,000

아일랜드

대서양에 위치한 아일랜드 섬은 유럽의 가장 돌출된 지점이다. 바다의 영향을 받는 다습한 기후는 무수한 호수와 토탄지를 만들어냈다. 16세기 무렵에 영국은 카톨릭 교도들이 대부분인 이 섬을 점령했다. 주로 신교도들로 구성된 아일랜드 북부의 6개주는 얼스터라고 불리우는데, 여전히 영국령으로 남아 있다. 1968년부터 시작된 내란으로 인해 국가가 분열되었다. 특히 IRA (아일랜드 카톨릭 공화주의자 군대)의 테러를 꼽을 수 있다. 아일랜드 섬에는 1998년에서야 비로소 평화가 찾아들었다.

◆ 아일랜드 공화국 (에이레 공화국)

남쪽의 26개 주는 1921년부터 자치권을 얻기 시작해 1937년에는 완전히 독립했다. 그리고 '에이레'라는 명칭으로 불리게 되었다. 아일랜드는 제2차 세계대전 중에 중립을 지켰고, 1948년에는 영연방을 탈퇴했다. 하지만 영국과의 경제관계는 여전히 큰 비중을 차지하고 있다. 아일랜드 제1의 교역국이 바로 영국이다.

아일랜드는 의회 민주주의를 실행하고 있다. 대다수의 국민은 카톨릭 신자이다. 100만 명 정도가 구사하는 켈트어족의 게일어는 영어와 병행해 공식어로 사용되고 있다.

◆ 경 제

아일랜드는 산업화 선상에 있는 농업국가라고 할 수 있다. 아일랜드에서 농업은 여전히 중요한 경제분야로 자리잡고 있다. 전체 활동인구의 1/6이 농업에 종사하며, 수출의 1/3 이상을 농업이 담당한다. 특히 목축업이 발달해 있다.

근래 들어 산업화가 가속화되고 있다. 농식물 가공업뿐 아니라, 외국투자 덕분에 소비재와 첨단산업을 중심으로 산업이 발전하고 있

다. 영국이나 미국, 일본의 주요업체들은 아일랜드를 다른 유럽연합
국으로의 교두보로 삼고 있다.

국가의 부는 동부에 편중되어 있고, 더블린에는 인구의 1/3이 집
중되어 있다. 아일랜드는 실업률이 매우 높은 편으로 1994년에는
14.5%를 기록했지만, 국가경제와 국민소득이 빠른 속도로 향상되고
있다.

◆ 무 역 (1993년)

총수출 (242억 에큐)	총수입 (175억 에큐)
제조품: 64%	제조품: 75%
식품류: 18%	에너지: 6%

◆ 인 구

아일랜드는 1㎢당 51명의 인구밀도로서 유럽 15개국 가운데 가장
낮다. 1845년에는 혹독한 기근으로 인해 10명 가운데 1명이 목숨을
잃었다. 그 뒤로 해외이주가 성행했고, 그럼으로써 인구가 더 많이
감소할 수밖에 없었다. 아일랜드는 유럽연합에서 평균연령이 가장
젊은 편인데, 25세 미만이 전체인구의 44%에 이른다. 현재도 미국
과 영국 등지로의 이주가 계속되고 있다.

◆ **인구 조밀지역 (1992년)**

더블린	1,603,000
코크	133,000
리머릭	56,000
던라개르	55,000
갤웨이	50,000

영 국

영국 제도는 북서유럽을 대서양으로 연결시켜준다. 바다는 영국의 기후뿐 아니라, 일상생활에도 커다란 영향을 미쳤다. 영국에는 아직도 섬나라 근성이 강하게 남아 있다. 영국은 인구밀도가 낮은 지역과 조밀한 지역의 차이가 매우 두드러진다. 정치적으로 영국 제도는 두 개의 국가를 이루고 있는데, 영국과 북아일랜드의 연합왕국과 아일랜드가 그것이다.

영국은 18세기 말부터 1차 산업혁명에 이르기까지 세계경제를 주도해나갔다. 또한 세계에서 가장 넓은 식민지를 보유하기도 했다. 1973년, 영국은 유럽연합에 가입했다. 지금도 영국은 49개국에 이르는 영연방의 수장이다.

영어는 영국의 전통적인 영향력과 더불어 미국의 막강한 힘 덕분에 세계에서 중요한 위상을 차지한다. 즉, 전 세계에서 4억 명 가량이 영어를 모국어로 사용하고 있으며, 세계인구의 1/4이 영어를 구사하고 있다.

◆ 역 사

영국과 북아일랜드의 연합왕국은 영국 왕국을 중심으로 건설되었다. 웨일즈는 1536년에 영국 왕국의 일부가 되었다. 하지만 영국의 웨일즈 정복은 1301년으로 거슬러 올라간다. 그것은 그 당시에 영국 왕의 장남이 웨일즈 왕자라고 불리웠던 사실로 미루어 짐작해볼 수 있다. 스코틀랜드는 1707년의 합병조약에 의해 영국에 편입되었다. 아일랜드는 중세부터 영국의 식민지였다가 1800년에 영국에 흡수되었다. 아일랜드 섬의 대부분은 에이레 공화국의 탄생과 더불어 1921년에 독립을 되찾았다.

◆ 지 형

200여 개의 크고 작은 섬으로 이루어진 다도해의 섬들 가운데 영국과 아일랜드가 가장 크다. 영국은 도버 해협을 사이로 대륙에서 불과 31㎞ 떨어져 있다. 영국인들은 1066년에 프랑스의 윌리엄 공이 영국을 침범한 이래로 한번도 외세의 압력에 굴하지 않았다는 사실을 자랑스럽게 여기고 있다. 1994년에 도버 해협을 연결하는 해저 터널이 완성됨으로써 유럽의 다른 국가들과도 교류가 원활하게 되었다.

영국은 해안선이 뚜렷하고 지형의 기복이 심하지 않기 때문에 바다의 영향에 덜 노출되어 있다. 이틀에 하루 꼴로 비가 내리는 습한 기후와 잦은 안개, 전체적으로 푸른 자연, 그리고 거센 바람 등이 영국의 모습이다.

영국의 섬들은 해안에서 100㎞ 이상 떨어져 있지 않다. 고도가 아주 높지는 않으면서도 상대적으로 높은 지대인 하이랜드에는 바람이 강하고 추우며 습하다. 이와는 대조적으로 늪이 많은 아일랜드 평원 이외의 저지대와 동부의 내륙지역은 인구밀도가 조밀하다. 특히 도시를 중심으로 인구가 밀집되어 있는데, 영국은 유럽에서 가장 높은 도시집중 비율 (90% 이상)을 보인다.

런던 분지는 영국에서 대표적인 농업지대이다. 하지만 영국의 농업은 유럽 공동시장에 가입한 뒤로 향상된 생산성에도 불구하고 영국민의 수요를 감당하지 못하고 있다.

그랑드 브르따뉴와 아일랜드 섬으로 이루어진 이 영토에는 영국과 아일랜드의 두 나라가 존재하지만, 민족이나 문화로는 잉글랜드와 스코틀랜드, 웨일즈, 아일랜드로 나누어볼 수 있다.

◆ 경 제

산업구조의 노후화와 제국의 쇠퇴는 영국경제를 오랫 동안 침체의 늪에 빠뜨렸다. 1938년까지만 하더라도 영국은 세계 4위로 강철생산의 10%를 차지했다. 하지만 오늘날에는 세계 12위로 2% 생산에 그치고 있다. 조선업도 약화되었고, 영국의 함대는 세계 18위에 지나지 않는다. 자동차 제조나 섬유분야도 예외는 아니다. 하지만 불과 몇 년 전부터 영국은 석탄사용을 고수하는 에너지 분야, 최근에 북해에서 발견된 탄화수소, 화학이나 전자와 같은 산업분야의 고효율에 힘입어 다시금 부상하기 시작했다. 실업률의 감소가 이를 증명해 준다.

20세기 초부터 영국은 탄광지역의 위기뿐 아니라, 도시 집중화 현상에 맞서기 위해 실험적인 토지정비 정책을 펴왔다. 이에 따라 산업지대의 복구와 신도시 자연공원 등의 조성이 이루어졌다. 그럼에도 불구하고 여전히 지역간의 불균형이 남아 있다. 잉글랜드의 런던이 중심인 남동지역에는 부유한 농촌이 많고, 활발한 산업활동이 이루어지고 있다.

런던 중심부에는 증권과 대은행, 로이드와 같은 보험회사 등이 밀집해 있다. 영국은 BP, 셸, 유니레버 등과 같은 다국적 기업의 규모에 있어 세계 2위이다.

◆ 무 역 (1993년)

총수출 (1,536억 에큐)	총수입 (1,789억 에큐)
제조품: 41%	제조품: 41%
기계와 운송장비: 41%	기계와 운송장비: 38%
에너지: 8%	식품류: 9%

◆ 인구 조밀지역 (1993년)

런던	6,400,000	리버풀	500,000
버밍햄	950,000	브래드포드	463,000
리드	700,000	맨체스터	450,000
글래스고우	700,000	에딘버러	438,000
쉐필드	520,000	브리스톨	391,000

오스트리아

유럽연합의 가입국 가운데 후발주자라고 할 수 있는 오스트리아는 찬란한 과거의 유산을 물려받은 나라로서 수도 빈이 이러한 사실을 여실히 보여주고 있다. 오스트리아는 알프스의 동쪽에 위치한 산악국이자 유럽 대륙의 중심부에 자리잡고 있는 유럽의 교차로이다.

◆ 지 형

오스트리아는 유럽 제1의 산악국이다. 알프스 산맥이 국토의 **70%**를 차지하고 있다. 서쪽에서 동쪽으로 이어지는 산맥의 축 부분이 가장 높고, 평원과 산의 중간지대를 이루는 알프스의 산괴가 둘러싸고 있다. 하지만 계곡이 넓기 때문에 통행이 용이하다. 오래된 빙산 활동의 결과로 수많은 호수가 생겨났고, 습기가 많은 기후 덕분에 눈이 많이 쌓인다. 북동부에서 다뉴브강은 보헤미안의 고생대 산괴로 이어지는 토양의 산록을 가로지르며, 동쪽과 남동쪽에서는 파노니아 평야가 시작된다.

오스트리아는 유럽연합에서 가장 숲이 우거진 국가 가운데 하나이다. 숲이 국토면적의 **40%**를 차지하며, 수지류 식물, 특히 전나무류가 주종을 이룬다.

◆ 찬란한 과거

6세기에 걸쳐 합스부르크가는 게르만, 슬라브, 라틴문화의 접경지대인 중부유럽에서 막강한 힘을 과시했는데, 18세기에 최고의 절정기를 이루었다. 제1차 세계대전 말기에 오스트리아-헝가리 제국의 멸망은 국가의 분할로 이어졌으며, 제국의 나머지 부분이 오스트리아 공화국을 형성하게 되었다. 1938년에 독일에 합병된 오스트리아는 제2차 세계대전의 승전국들에 의해 통치되다가 1955년에야 비로소 주권을 되찾았다. 오늘날은 9개의 연방주로 구성된 중립국으로서 독일어를 사용하며 카톨릭이 우세하다.

수도 빈의 풍요로운 건축 유산은 오스트리아의 찬란했던 과거를 보여준다. 그런데 모든 제도와 문화가 빈에 편중되어 있다. 빈의 인구는 1910년에 비해 3분의 1이나 감소하기는 했지만, 여전히 오스트리아 인구의 20%를 차지하고 있다.

◆ 경 제

오늘날에는 3차산업 분야가 지배적인 산업구조를 이루고 있다. 농업은 노동인구의 7%밖에 되지 않는다. 전통적인 산업도 어려움에 처해 있지만, 수력이나 임업, 그리고 대외수지 적자를 메워주는 관광업은 여전히 중요한 비중을 차지하고 있다.

1992년의 통계자료에 의하면, 세계의 관광객들 가운데 5%가 오스트리아를 찾는다. 2천만 명에 이르는 외국 관광객들 가운데 절반이 독일인이다. 오스트리아에는 2만 개 이상의 숙박시설이 있고, 5만 개가 넘는 숙박가구가 있다. 또한 25만 명의 전문인력과 40만 개의 일자리가 관광업과 연계되어 있다. 관광업에 종사하는 수가 총 노동인구의 10%에 해당된다. 국내총생산의 8%를 관광업이 차지하며, 관광수입은 총수출의 3분의 1을 차지한다.

◆ 무 역 (1993년)

수출 (343억 에큐)
기계 및 수송장비: 39%
제조품: 30%
화학제품: 9%

수입 (430억 에큐)
기계 및 수송장비: 39%
제조품: 19%
화학제품: 10%

◆ 인구 조밀지역 (1992년)

빈	1,530,000
그라츠	250,000
린츠	210,000
잘츠부르크	140,000
인스부르크	120,000
클라겐푸르트	85,000

이탈리아

  이탈리아는 유럽연합에 뒤늦게 가입한 다른 남부유럽의 국가들, 즉 스페인이나 포르투갈, 그리스와는 달리 유럽연합의 창설국 가운데 하나이다. 이탈리아의 북부는 유럽 대륙과 연결되고 있고, 반도는 지중해를 가르며 장화처럼 길게 뻗어 있다.

◆ 정 치

이탈리아는 5세기에 로마 제국이 몰락한 이래로 19세기 중반까지 여러 통치영역으로 나뉘어 있었다. 그러다가 카보우르나 가리발디와 같은 인물들의 노력 덕분에 피에몬테-사르데냐 왕국을 중심으로 단일국가가 탄생하게 되었다. 하지만 역사적인 전통과 카톨릭을 통한 유대감에도 불구하고 여전히 분할의 상처가 남아 있다. 현재 이탈리아 공화국은 20개의 지방정부로 구성되어 있다.

세계에서 가장 작은 나라인 바티칸 교황청은 영토가 0.44㎢밖에 되지 않는다. 주민 수는 수백 명이며, 교황이 통치한다. 그것은 1929년에 체결된 라트란 협정의 결과이다.

산마리노 공화국은 세계에서 가장 오래된 공화국으로서 그 역사가 1600년이 넘는다. 64㎢의 국토면적에 주민 수는 25,000명이다.

◆ 경 제

제2차 세계대전 직후에는 농업에 종사하는 인구가 45%에 달하기도 했지만, 지금은 8%밖에 되지 않는다. 같은 기간에 3차산업의 종사자는 두 배로 늘었다. 1950년부터 1963년까지는 '기적의 시기'라고 불리울 만큼 산업화가 급속도로 확대되었다. 하지만 그 이후로 이탈리아 경제는 '휴지기'에 접어들었고, 석유파동과 인플레이션, 그리고 외국의 경쟁업체들에 의해 점점 더 악화되었다. 1980년대부터는 다시금 도약의 길로 들어섰다. 이탈리아 경제의 재도약은 우선 탈농현상에 따른 풍부한 노동력과, 정부의 지원, 그리고 미국이나 스위스 등의 자본유입 덕분에 가능해졌다. 이와 더불어 산업조직이 재정비되고, 기술개혁이 이루어졌다.

　가공산업, 기계전자 제조, 화학, 의류산업 등이 이탈리아 경제에서 가장 활발한 분야에 속한다. 이 분야에서 생산되는 제품들은 포도 생산품이나 채소, 과일과 더불어 유럽의 다른 국가로 수출되는 주요 품목이다.

　대형 국영업체나 피아트와 같은 대형 민간업체들이 있기는 하지만, 이탈리아 경제를 지탱하는 원동력은 무엇보다 중소기업이다. 중소기업은 전체 업체의 **94%**를 차지하며, 노동인구의 **47%**를 고용하고 있다. 이탈리아의 '지하경제' 또한 무시할 수 없는데, 가족기업의 형태나 이중고용, 암시장 등이 대표적이다.

　이탈리아가 해결해야 할 가장 시급한 과제는 북부 이탈리아와 남부의 빈부격차이다. 또한 국내총생산을 초과하는 규모의 국채를 떠안고 있는 이탈리아 정부가 경제발전의 가장 큰 걸림돌이다. 이탈리아는 생명공학, 전자, 금융분야 등에서 취약성을 보이고 있으며, 대부분의 에너지 자원을 수입에 의존하고 있다.

◆ 관 광

　이탈리아는 가난한 나라의 이미지에서 벗어나 세계 5위의 경제대국으로 성장했다. 세계 3위의 관광국이기도 한 이탈리아는 1992년을 기준으로 해외 관광객이 5천만 명을 넘어섰다.

◆ 무 역 (1993년)

총수출 (1,430억 에큐)	총수입 (1,260억 에큐)
제조품: 87%	제조품: 57%
	에너지: 9%
	식품류: 11%

◆ 인 구

이탈리아 인구는 불과 100년 사이에 두 배로 증가했지만, 다시금 감소추세에 놓이게 되었다. 출산율은 1.3으로 유럽에서 가장 낮고, 인구의 노령화 현상을 경험하고 있다. 프랑스 남부에서 이주한 주민들은 주로 로마와 포 평야로 유입되었고, 지금은 개발 도상국으로부터 이민이 늘고 있다.

◆ 인구 조밀지역 (1992년)

로마	2,800,000	피렌체	430,000
밀라노	1,450,000	볼로냐	430,000
나폴리	1,200,000	카탄느	370,000
토리노	1,000,000	바리	360,000
제노바	730,000	베니스	330,000
팔레르모	720,000		

포르투갈

　포르투갈은 국토가 좁기는 하지만, 837㎞인 해안선을 따라 매우 다양한 경관을 뽐내고 있다. 스페인의 국경지대에서 대서양 쪽으로, 그리고 북쪽에서 남쪽으로 내려오면서 고도가 낮아진다. 스페인의 인구밀도보다 더 조밀한 포르투갈은 스페인처럼 연령층이 젊은 편이다. 특히 연안지대에 인구가 편중되어 있다. 해외이주가 잦은 스페인에서는 프랑스로 가는 이민자 수가 많다. 70년대 이래로 경제상황이 개선되고, 유럽국가들과의 교류도 늘어났다.

◆ 지형과 기후

　타게 산맥에 의해 북부의 높은 고원과 산악지대, 그리고 중부의 평평하고 낮은 구릉지대로 나뉘어진다. 여름에는 건조하고 더운 지중해성 기후이지만, 바다 때문에 여름의 가뭄이 짧다. 또한 바다의 영향으로 기온이 온화하며, 특히 가을과 봄에 비가 잦다. 내륙지방으로 들어갈수록 기온 차가 점점 더 벌어진다.

◆ 농 업

　자연조건이 농업에 그다지 유리하지는 않다. 하지만 국토 총면적의 2/3가 경작지로 활용되고 있으며, 농업인구도 전체 활동인구의 17,3 %에 이른다. 동시재배와 포도재배가 이루어지는 북쪽의 소규모 농장들은 대규모의 곡물생산에 주력하는 남부지방과는 대조적이다.

◆ 교 역

물류교역에 중요한 항구와 개방경제 덕분에 포르투갈의 경제가 활성화되고 있다. 그런데 동쪽에 위치한 스페인과의 교류는 그다지 활발하지 않다. 포르투갈의 경제활동은 리스본에서 포르토로 이어지는 축을 중심으로 움직인다. 북으로는 브라가로 연결되며, 남으로는 세투알과 시네스과 연결된다. 포르투갈의 도시인구 2/3가 리스본과 포르토 도시권에 몰려 있다. 여기서 해상교역의 반이 이루어진다.

◆ 경 제

산업성장이 1989년에는 4.9%를 기록하면서 산업이 농업을 앞질렀다. 인플레이션은 1985년에 19.5%까지 치솟기도 했지만, 1993년에는 6.5%로 줄어들었다. 4%의 실업률은 유럽연합국들 가운데 낮은 편이다. 하지만 외국기업들이 포르투갈에 진출한 이유가 상대적으로 낮은 임금 때문이라는 사실 또한 간과해서는 안 된다. 실제로 포르투갈의 임금수준은 유럽에서 가장 낮다. 불법적인 노동이 국내총생산의 20%를 차지한다. 14세 미만인 어린이들의 불법고용 문제도 해결해야 할 과제로 남아 있다.

◆ 무 역 (1993년)

총수출 (130억 에큐)	총수입 (206억 에큐)
제조품: 57%	운송장비: 36%
운송장비: 20%	제조품: 28%
화학제품: 4%	화학제품: 9%

◆ 인구 조밀지역 (1993년)

리스본	2,128,000
포르토	1,683,000
아마도라	95,000
콤브라	77,000
세투알	76,000

프랑스

◆ 지 형

센느강과 루아르강, 가론느강이 2기와 3기에 걸쳐 형성된 파리 분지와 아키텐 분지와 같은 침식분지들을 지나쳐 흐른다. 계단식의 충적토 계곡이 여기저기 형성되어 있다. 이들을 덮고 있는 침적암들과 침전물들 덕분에 독특한 경관이 만들어졌다. 오랜 세월에 걸쳐 침식 작용에 의해 형성된 아르모리크 산악, 균열로 인해 함몰된 벌판인 보쥬 산맥과 슈바르츠발트 사이의 알사스 지방, 랑그독과 루시용, 그리고 코르시카 섬의 알레리아 평원은 침전물이 쌓여 만들어진 지형이다. 그에 비해 피레네와 알프스는 석회석의 대륙붕들이 줄을 잇고, 산과 골짜기가 주름처럼 형성되어 있다. 빙하에 의해 형성된 넓은 계곡이 들쑥날쑥한 산봉우리를 가로질러 흐른다.

◆ 기 후

국토의 2/3가 온화하고 습한 해양성 기후의 특징을 보인다. 온화한 겨울과 가는 비의 특징을 띤 브르타뉴, 추운 날씨의 플랑드르, 무더운 날씨에 일조량이 많은 아끼텐느, 기온변화가 심한 파리의 기후 등 다양한 기후가 공존한다. 프랑스 동부는 반대륙성 기후 때문에 추운 겨울과 비바람이 몰아치는 여름이 특징적이다. 지중해 주변 지역에는 지중해성 기후가 나타나는데, 햇볕이 강하고, 덥고 건조한 여름이 이어진다. 산악지대의 기후는 춥고 강수량이 많으며, 산비탈의 방향에 따라 대조적인 기후를 보인다.

◆ 경 제

70-80년대의 경제위기 이후에 프랑스 경제는 재도약의 길로 접어들었다. 그것은 전통산업의 혁신, 첨단분야의 지원, 기업합병, 연구와 우수인력의 양성에 따른 생산성 개선의 결과이다. 프랑스 경제의

특수성은 국가가 경제에 미치는 영향력에 있다고 하겠다. 프랑스 정부는 전쟁 직후에 경제계획을 수립하고, 주요 은행과 대규모 보험사들을 관리하기 시작했다. 또한 프랑스의 전력공사와 가스공사 등 에너지 산업을 총괄적으로 운영했다. 90년대 초에는 산업체 근로자들 가운데 15%가 국영업체에서 일했다. 그리고 총매출의 27,4%를 국영업체가 담당했다. 1993년부터는 국가의 정책에 따라 민영화가 이루어지고 있다.

유럽연합 제1의 농업국인 프랑스의 농업은 유효 경작지의 22%, 유럽연합에서 생산되는 농산물의 22%를 차지한다. 활동인구의 5.9%가 농업분야에 종사하고 있으며, 국내총생산의 3.1%를 담당한다. 농업분야는 기계화, 위생적인 식품, 선별된 씨와 종자, 개량된 비료 등의 사용에 의해 진정한 혁명을 이루게 되었다. 하지만 공동농업정책에 의해 보장된 구매가격이 하락하고, 농작인들에게는 적정한 수준의 경제성이 보장되지 못하고 있다.

증가추세를 보이는 제3차 산업분야의 종사자 수는 전체 활동인구의 64.5%에 이른 반면, 공업 종사자들은 감소하고 있다. 1974년부터 1986년 사이에 제조업 분야에서만 140만 명의 인력이 빠져나갔다. 특히 직물, 제련분야, 그리고 자동차 제조업이 타격을 입었다. 가전, 전자, 공작기계와 같은 소비재 분야에서 외국의 경쟁업체에 비해 약세를 보이는 프랑스 산업계는 항공, 전기통신, 고속수송, 농산품 분야에서 호조를 보이고 있다. 외국에 진출한 기업들이 중심 수출은 프랑스 전체 매출의 상당부분을 차지한다.

◆ 무 역 (1993년)

총수출 (1,848억 에큐)	총수입 (1,843억 에큐)
에너지와 원자재: 5.9%	에너지와 원자재: 11.4%
농산물과 식품: 16.7%	농산물과 식품: 12.2%
운송기계: 38.9%	운송기계: 34.7%
소비재와 가전제품: 17.6%	소비재와 가전제품: 20%

◆ 인구 조밀지역 (1992년)

파리	9,318,000	니스	516,000
리용	1,262,000	낭트	496,000
마르세이유	1,230,000	툴롱	438,000
릴	959,000	그르노블	404,000
보르도	696,000	스트라스부르	388,000
툴루즈	650,000	루앙	380,000

핀란드

핀란드는 스웨덴, 노르웨이, 아이슬랜드와 더불어 북유럽 국가에
속한다. 337,000㎢의 면적에 510만 명의 인구가 거주하고 있다. 스
웨덴에게 점령되기도 하고, 러시아의 지배를 받기도 했던 핀란드는

1917년에 독립국가가 되었다. 제2차 세계대전 당시에 독일을 추종했던 핀란드는 1945년 이후로 소련의 영향권 아래 놓이게 되었다. 그럼에도 불구하고 핀란드는 중립성을 표방하고, 민주주의의 가치를 보존했다. 핀란드는 1995년에 실시된 국민투표에서 57%의 지지를 얻어 유럽연합에 합류했다.

◆ 지 형

핀란드는 아이슬랜드와 더불어 세계에서 가장 북쪽에 위치한 나라이다. 국토의 1/3 정도가 극권 밖에 놓여 있다. 라포니 지방은 9월부터 5월까지 눈으로 뒤덮혀 있고, 영하 30도까지 내려가는 날도 많다. 긴 겨울밤이 지난 뒤에 태양은 73일 동안이나 수평선 위로 북위 70° 상공에 떠 있다. 핀란드에는 툰드라 지대와 토탄지가 널리 퍼져 있다. 남쪽으로 펼쳐진 침엽수림 지대는 국토의 65%에 해당된다.

오래된 바위로 이루어진 스칸디나비아 순반지역은 핀란드 고원을 형성하고 있다. 국토의 2/3는 해발 200m도 되지 않는 평야이다. 빙상에 의해 쌓인 퇴석물이 6만여 개의 호수를 만들어냈고, 국토의 9%를 차지하게 되었다. 해안선을 따라 약 3만 개의 섬을 볼 수 있다.

◆ 경 제

원목작업과 관련된 산업들은 가장 오랜 전통을 자랑하면서 동시에 가장 널리 보급된 분야이다. 겨울에 벌목공들에 의해 베어진 나무들은 대형 뗏목에 실려 처리장소로 운반된다. 합판, 가구제작과 같이나무를 이용한 작업과 펄프, 종이와 같은 화학적인 변형작업이 나무와 관련된 산업의 주요부문이다. 이 분야에서 일하는 종업원 수는 10만 명이 넘는다. 핀란드의 종이공장은 세계에서 가장 깨끗하기로 정평이 나 있다. 나무 관련산업 이외의 근간산업들은 핀란드 남쪽 헬싱키와 투르쿠 주변에 밀집해 있다. 그리고 쇄빙선, 시추선 등과 같은 특수선박의 제조, 원목작업을 위한 장비, 전기전자 설비 등이 잘 발달되어 있다.

국토 총면적의 10% 미만이 농경지로 사용되며, 여기서 재배되는 작물 가운데 사료용 풀이 2/3를 차지한다. 버터와 치즈의 대소비국인 핀란드에서는 무엇보다 낙농과 목축업이 큰 비중을 차지하고 있다.

핀란드의 경제는 1990년 이래로 생산력의 감소를 기록하고 있다. 핀란드의 화폐 Markka는 지속적인 평가절하를 경험하고 있다. 1994년의 실업률은 활동인구의 21%에 달했다. 1993년을 기준으로 국내 총생산이 1인당 16,039달러를 기록했다. 이 수치는 유럽연합 15개국 가운데 영국보다 높다.

◆ 무 역 (1993년)

총수출 (200억 에큐)	총수입 (154억 에큐)
제재업: 38.5%	기계 및 전자설비: 38.5%
기계 및 전자설비: 27.5%	소비재: 14%
제련업: 10.5%	에너지: 13.5%

◆ 인구 조밀지역 (1992년)

헬싱키	1,000,000
에스푸	179,000
탐페레	175,000
투르쿠	160,000
반타	159,000
오울루	103,000

3. 유럽의 역사적 환경

유럽의 건설

〈마스트리히트 조약〉

마스트리히트 조약은 1993년 11월 1일부터 효력을 발생하기 시작했다. 이 조약을 통해 유럽은 경제적인 영역에서뿐 아니라, 정치적인 차원에서도 통합을 이룰 수 있는 발판을 마련하게 되었다.

◆ 유럽연합의 세 기둥

유럽연합의 활동은 세 개의 기둥을 중심으로 이루어진다

첫번째 기둥은 1999년에 단일화폐인 유로의 탄생과 더불어 경제통합의 길을 열었다. 두번째 기둥은 대외정책과 공동안보에 있어 유럽의 협력체계를 완성시켰다. 세번째 기둥은 법과 내무에 연관된 문제 (국경감시, 망명, 이민정책, 테러와의 전쟁, 마약거래, 중대사범 등)에 관해 정부간 협력을 제도화시켰다. 또한 마스트리히트 조약은 만장일치의 표결이 아닌, 과반수 표결을 확대시키고, 유럽의회의 권한을 강화시켰다.

◆ 유럽시민권

마스트리히트 조약은 유럽연합의 시민권을 규정하고 있다. "회원국
의 국적을 지닌 자는 모두 유럽연합의 시민이다."

- 유럽연합의 시민은 지방자치 선거와 유럽 선거에서 피선거권과
  투표권을 갖는다.
- 공동체 내에서 자유롭게 왕래할 수 있고 체류할 수 있다.
- 유럽의회에 청원할 수 있고, 독립적인 중재기관에 호소할 수 있다.
- 공동체 외부의 제3국에서 회원국으로서의 영사적인 보호를 받을
  권리가 있다.

〈암스테르담 조약〉
마스트리히트 조약을 개정한 암스테르담 조약은 1997년 10월 2일
에 조인되고, 1999년 5월에 발효되었다. 새로운 조약과 더불어 유럽
연합은 보다 효율적이며 확고한 대외정책을 수행할 수 있게 되었다.
또한 세계상업기구에서 회원국의 산업체와 근로자들의 이익을 대변
할 수 있게 되었다.

암스테르담 조약에 명시된 진보적인 사항은 다음과 같다.

- 인권조항을 조약에 포함시키고, 시민의 알 권리를 보장했다.
- 환경과 보건행정에 있어 보다 효율적인 대책을 마련할 수 있는
  길을 열었다.
- 국가별 의회의 역할을 인정했다.
- 국경감시나 비자, 이민, 망명, 사법, 민간협력 등의 안보에 관해
  공동체 차원에서 접근하기로 했다.
- 유럽의회와 이사회의 공동결정을 확대시켜 나가기로 했다.

〈니스 조약〉

2001년 2월 26일에 체결된 니스 조약은 후보국들이 유럽연합에 합류하는 데 있어 야기될 수 있는 기술적인 문제의 해결방안을 제시하고 있다.

◆ 확장되고 있는 공동체

2005년부터 집행위원회는 각 회원국에서 선임된 1명의 대표자로 구성된다. 유럽연합이 27개 회원국으로 늘어나면, 집행위원의 상한선이 정해질 것이다.

니스 조약은 유럽의회의 입법적인 역할을 강화하고, 의원수를 최대 732명으로 제한했다. 유럽의회의 새로운 구성은 2004년의 유럽의회 선거부터 적용될 것이다. 각료이사회에서의 투표와 의결에 관한 사항이 2005년부터 변경된다. 각 회원국에 부여되는 투표권의 수가 수정 (인구가 많은 국가에 더 많은 표를 할당)되었고, 후보국에게 할당되는 투표권의 수도 이미 정해졌다.

유럽연합의 정책을 효율적으로 수행하기 위해서는 특정한 회원국의 임의적인 거부권을 제한해야 할 필요가 있다. 니스 조약은 이제까지 만장일치로 의결되던 40여 개의 조항 (공동무역 정책, 이민과 망명정책, 그리고 사회통합)이 절대과반수 이상의 다수득표로 통과되도록 개정했다. 이러한 방식은 각료이사회에서도 적용된다.

◆ 민주주의의 가치와 기본권

유럽연합의 기본권 헌장은 니스에서 선포되었다. 이 헌장은 유럽의회, 국가별 의회, 회원국 정부와 집행위원회의 대표자로 구성된 임

3. 유럽의 역사적 환경 / 71

시의회에서 채택되었다. 기본권 헌장에 명시된 유럽 시민의 권리는
6개의 범주로 구성되어 있다. 즉, 존엄성과 자유, 평등, 결속, 시민권
과 정의가 그것이다. 이러한 권리는 인권에 관한 유럽 협약이나 회
원국들의 헌법, 유럽의 사회헌장과 노동자들의 사회 기본권에 관한
공동체 헌장에서 인정된 기본권과 자유에 의거하고 있다.

◆ 민주적인 가치의 보호

유럽연합의 각료이사회는 특정한 회원국에서 기본권이 심각하게
침해될 경우에 그 국가의 권리를 부분적으로 유보할 수 있다. 니스
조약은 예방적인 장치에 의해 이러한 절차를 보완했다. 즉, 유럽의회
의 동의를 얻어 기본권의 침해사실을 확인한 뒤에 적절한 권고사항
을 해당국가에 통보할 수 있다.

◆ 유럽의 미래

여러 조약의 수정을 위한 정부간 회의는 2004년에 시작될 것이다.
프랑스의 전직 대통령인 발레리 지스카르 데스탱에 의해 주재된 임
시의회는 다양한 문제와 제안을 검토했다. 그것은 유럽 조약의 단순
화와 유럽헌법의 채택 가능성, 유럽연합과 회원국간의 적절한 권한분
배, 민주주의, 투명성, 그리고 제도적인 효율성의 강화, 시민에게 직
접 다가갈 수 있는 유럽, 세계화 속에서의 유럽연합 등을 포함한다.

유럽연합의 확장

◆ 유럽연합

2004년 5월 1일, 기존의 15개 회원국 외에 헝가리와 폴란드, 체코, 슬로바키아, 슬로베니아, 에스토니아, 라트비아, 리투아니아, 몰타, 키프로스 10개국이 새로 가입했다.

확장된 유럽연합은 영토가 동서로 3000㎞에 달하며, 인구도 3억 8천여명에서 4억 5천여명으로 확대났다. 유럽연합의 공식언어도 11개 언어에서 20개 언어로 늘어났다.

◆ 확장의 잇점

유럽연합의 확장과 더불어 유럽 대륙에서 정치적인 안정이 가시화될 것이다. 또한 단일시장의 규모가 확대되고, 경제성장이 촉진되며, 투자와 교류에 있어 새로운 가능성이 열릴 것이다. 유럽연합은 이민이나 이주, 환경보호, 불법거래, 조직범죄 등과 같은 문제에 대한 대응능력을 한층 더 강화하게 될 것이다. 유럽연합의 후보국들은 인권과 미성년 보호, 부정부패의 척결 등에 있어 여전히 보완해야 할 부분이 남아 있기는 하지만, 불가리아, 루마니아와 터키를 제외하고는 유럽연합이 제시하는 시장경제의 기준에 모두 부응하고 있다.

◆ 유럽 30개국을 향하여

발칸의 서부지역에 위치한 국가들 (마케도니아, 크로아티아, 보스니아, 헤르체코비나, 알바니아)은 유럽연합의 잠재적인 후보국이다. 이 지역에서 유럽연합은 안정과 결속을 위한 정책을 지속적으로 이행하고 대규모의 재정지원을 제공함으로써 신뢰를 바탕으로 한 긴밀한 협력관계를 구축하고 있다. 세르비아도 고립정책에서 탈피해 유고슬라비아 연방공화국과 협력관계를 맺기 시작했다.

아젠다 2000 프로그램

◆ 새로운 가입국에 대한 심사기준

후보국의 심사에 앞서 선정을 위한 엄격한 기준이 제시되어야 한다. 후보국이 되기 위해서는 무엇보다 민주주의, 법치, 인권, 미성년 보호 등의 사항을 보장하는 법률제도를 갖추어야 한다. 또한 시장경제에 적응할 수 있는 경쟁력, 가입과 연계된 의무를 이행할 수 있는 능력을 지녀야 한다. 특히 정치와 경제, 통화에 있어 유럽연합이 추구하는 목표를 따라야 한다.

◆ 강화된 예비가입 전략

중동부에 위치한 유럽 국가와의 교류와 협력을 지원하는 유럽 협

정, 이들을 위한 **PHARE** 프로그램 (연간 15억 유로), 키프러스와의
협력관계를 촉진하기 위한 특별 프로그램, 그리고 공동체 내의 시장
에 이들을 편입하기 위한 프로그램 등이 이러한 전략의 일환이다.
그 외에도 새로운 방안들이 적극적으로 모색되고 있다.

- 2000년부터 농업 (연간 5억 유로)과 구조조정 (연간 10억 유로)
  에 대한 예비가입 지원이 시행되고 있다.
- 가입기준을 충족시키려는 후보국의 의지를 바탕으로 이들과 동
  반자 관계를 형성해 나간다.
- 공동체에서 시행하고 있는 연구와 환경, 문화, 연수 등에 관한
  프로그램을 후보국에게도 점차적으로 개방한다.
- 해마다 유럽연합의 회원국과 후보국을 소집해 공동의 관심사항
  을 논의한다.

◆ 확장된 유럽연합에서의 공동정책

아젠다 2000 프로그램은 2000년부터 2006년까지 4대 주제를 중
심으로 공동정책을 추진하고 있다.

- 지속적인 고용창출의 증대
- 지식과 신기술의 우위
- 고용체계의 현대화
- 삶의 질 향상

◆ 유럽연합의 경제적, 사회적 결속강화

후보국들의 경제수준은 회원국보다 현저하게 낮다. 1995년에 10 개 후보국 (동구권 국가들과 키프러스)의 국내총생산은 유럽연합의 3.8%에 불과했다. 1999년 말에 경제사회적 결속을 위해 지출된 비용은 유럽연합의 국내총생산 가운데 0.46%였다. 2000-2006년에는 2,750억 유로의 예산이 투입될 것이다. 이 가운데 450억 유로가 새로 가입하는 후보국들에게 투자될 것이다.

◆ 새로운 공동농업정책을 향하여

유럽연합이 동구권으로 확대되면, 농업 노동력이 두 배로 늘고 농업면적은 50%나 늘어날 것이다. 집행위원회는 곡물의 과잉생산이 2005년에 5,800만 톤에 이를 것으로 내다보고 있다. 쇠고기의 과잉재고는 150만 톤에 이를 것이다. 세계적인 추세에 발맞추어 공동농업정책에 대한 관리를 분권화시키고, 환경보호와 농촌개발에 역점을 두어야 한다는 전략이 제시되고 있다.

◆ 2000-2006년의 재정

아젠다 2000 프로그램은 2000년에서 2006년까지 17%의 양적, 질적 팽창을 이루는 데 필요한 지출이 얼마인지를 산출한다. 동시에 유럽연합의 국내총생산이 24% 정도 성장하기를 기대하고 있다. 이러한 성장 덕분에 유럽연합의 예산에 있어 200억 유로의 추가수입이 예상된다. 그러한 경우에는 더 이상 출자비율을 높일 필요도 없고, 예산의 재정출자를 위해 새로운 수입을 창출할 필요도 없다. 현재 유럽연합의 회원국은 국내총생산에서 최대 1.27%를 출자하고 있다.

4. 유럽의 정치적 환경

정부의 형태

유럽의 의회제도는 유럽연합의 15개 회원국에서 군주제나 공화제나 인권에 동일한 가치를 부여하며, 행정과 입법, 사법의 분리를 실현하고 있다.

의회 군주제에서는 "군주는 군림할 뿐, 통치하지 않는다"는 법칙이 적용된다. 군주가 행정권의 수반이기는 하지만, 독단적으로는 어떠한 결정도 내릴 수 없다. 군주는 실제적인 권한을 지니지 않고, 국민들로부터 추앙받는 대표자로서의 지위를 누릴 뿐이다.

8개의 공화국은 대통령에게 서로 다른 권력을 부여하고 있다. 독일과 오스트리아, 핀란드, 그리스, 이탈리아, 포르투갈에서는 대통령이 정치적인 책임을 지지 않는다. 대통령은 국가의 대표자로서 법을 공포하고, 대사에게 신임장을 주며, 사면권을 행사한다. 프랑스와 아일랜드에서는 대통령의 권한이 보다 광범위하다.

◆ 영국의 안정된 내각

영국은 1945년 이래로 노동당과 보수당이라는 양대 정당의 기조 아래 안정된 의회정치가 펼쳐지고 있다. 영국의 유권자는 국회의원을 선출함과 동시에 간접적으로는 수상을 지명한다. 즉, 자신이 표를 던진 정당이 승리할 경우에 당수는 자동적으로 새로운 입법부가 존속하는 5년 동안 군주의 임명을 받아 정부를 이끌게 된다.

◆ 이탈리아의 불안정한 내각

1945년 이래로 이탈리아 내각의 평균수명은 약 8개월이었다. 이탈리아의 정치적인 불안정은 3대 정당인 기독민주당, 사회당, 공산당에 소속된 의원들이 전체 의원수의 5/6를 차지함에도 불구하고, 여러 정당들이 난립하고 있기 때문이다. 1992년부터는 부패척결을 위한 '깨끗한 정치' 운동이 전개되었고, 기독민주당은 와해되었다. 1994년의 국회의원 선거로 우파는 실비오 베를루스코니와 손잡고 권력을 장악했다. 하지만 그로부터 2년 뒤에는 중도파와 좌파가 연합한 올리비에 당이 승리를 거두었다. 카톨릭 경제학자인 로마노 프로디가 구성한 내각에는 중도파와 사회민주주의에 소속된 의원들이 포함되어 있었다.

◆ 대통령의 권한이 강화된 프랑스

프랑스 헌법은 1958년부터 대통령의 권한을 강화시켰다. 프랑스 대통령은 국회 해산권과 특별권을 행사할 수 있다. 1962년에 시행된

선거를 통해 대통령의 권한이 한층 더 강화되었다. 국회는 내각을 와해시킬 수 있다.

지방과 코뮨

유럽연합의 지방과 코뮨은 적극적으로 유럽건설에 참여하고 있다. 하지만 무엇보다 이들은 자신들이 속한 국가의 주권원칙과 유럽연합이라는 통합단위로서의 원칙을 슬기롭게 조화시켜야 한다.

◆ 연방국가의 자치권

연방국가의 자치권은 막강하다. 독일의 연방주는 교육, 문화, 집회와 결사의 권리, 경제법, 노동법 분야에서 자체적으로 법률을 제정했고, 스페인과 이탈리아도 지방분권적인 정치를 폈다. 스페인의 17개 자치 공동체에는 자체적으로 의회와 행정부가 운영되고 있다. 지방의 자치권은 바스크, 카탈로니아, 갈리시아, 안달루시아 등지에서 보다 강화되었다. 프랑스처럼 중앙집권적인 성향이 강한 국가에서는 지방분권화가 뒤늦게 나타났다. 프랑스의 22개 지방들은 1982년에 가서야 비로소 지방자치적 권한을 행사하기 시작했다. 특이하게도 영국과 포르투갈은 실질적인 의미에서의 지방자치를 실현하지 않았다.

◆ 유럽 차원에서의 지방협력

지역간의 협력이 활발하게 진행되는 공간은 지방과 지방 사이의
접경지역이다. 1971년에 유럽의 국경지방 협회가 창설되었는데, 베
네룩스와 프랑스 동부지역의 지방들, 독일의 서부지방이 주축이 되
었다. 스페인과 프랑스의 지역협력은 가장 더디게 진행되었다. 1973
년에 해안의 접경지방들이 협회를 구성하고 연안헌장을 작성했다.
그리고 나중에 유럽의회에서 다시금 채택되었다.

◆ 지방지역 공동체의 자문위원회

집행위원회는 지역정책의 결정이나 시행을 위해 1988년에 설립된
지방지역 공동체의 자문위원회와 논의한다. 자문 위원회는 47인의 위
원으로 구성되는데, 이들은 선거에 의해 선출된다. 지방지역 공동체는
유럽건설에 있어 보다 더 중요한 역할을 담당하고 있다. 이들의 공통
적인 관심사 가운데 하나는 현저한 지역격차를 줄이는 일이다.

◆ 유럽연합 국가들의 코뮌 (1995년)

국가	코뮌의 수	코뮌당 평균인구
영국	481	118,100
아일랜드	84	41,700
포르투갈	305	33,800

국가	코뮨의 수	코뮨당 평균인구
스웨덴	286	30,770
네덜란드	702	20,800
덴마크	275	18,500
벨기에	589	16,800
핀란드	460	10,886
이탈리아	8,074	7,100
독일	16,127	5 ,035
스페인	8,027	4,900
룩셈부르크	118	3,400
오스트리아	2,301	3,215
그리스	6,034	1,700
총계	43,863	8,445
프랑스	36,627	1,500

◆ 지방행정에 있어 이중의 구조를 가진 국가

오스트리아	9 연방주	2,301 코뮨
덴마크	14 comtés	257 코뮨
핀란드	12 départements과 une région semi-autonome	460 코뮨
아일랜드	32 comtés	84 코뮨
네덜란드	12 provinces	702 코뮨
포르투갈	18 districts	305 municipalités
영국	59 comtés	481 districts
스웨덴	24 comtés	286 municipalités

◆ 지방행정에 있어 삼중의 구조를 가진 국가
   (지방간의 혹은 연방간의 강한 조직을 가진 국가)

독일	16 연반주	543 kreise	16,127 코뮨
벨기에	3 régions	9 provinces	589 코뮨
스페인	17 자치 공동체	50 provinces	8,027 코뮨
이탈리아	20 régions dont 5 à statut spécial	95 provinces	8,074 코뮨

◆ 중앙의 힘이 강력하면서 지방행정에서 3중의 구조를
   지닌 국가

프랑스	22 régions	96 départements métropolitains	36,627 코뮨
그리스	13 régions	51 nomoi	6,034 코뮨

유럽연합의 조직과 기구

〈집행위원회〉

유럽의 집행위원회는 유럽공동체의 실질적인 중앙 행정기관이다. 집행위원회에 속한 13,000명의 공무원들은 공동체의 정책을 제안하고 실행한다.

◆ 집단기구인 집행위원회

집행위원회는 회장 1명과 부회장 5명을 포함한 20명의 위원으로 구성된다. 위원들은 회원국들의 동의와 유럽의회의 승인을 얻어 5년 임기로 임명된다. 위원들은 특정분야에서 일하게 되지만, 최종적인 결정은 집행위원회 차원에서 내려진다. 집행위원회는 36개의 일반 부서와 위원들을 보좌하는 전문 부서를 포함한다. 위원회는 11개의 공식언어를 갖는다. 집행위원회의 위원은 회원국들로부터 독립적이어야 한다.

◆ 집행위원회의 권한과 의무

집행위원회는 공동체의 법규를 제안한다. 집행위원회의 첫번째 임무는 새로운 법규나 정책을 작성해 유럽의회 등에 제출하는 것이다. 집행위원회는 회원국들과 긴밀한 협력관계를 유지해나가면서 산업체나 조합, 이익단체, 전문가 등의 자문을 구한다. 새로운 법안을 구상할 때에는 이처럼 서로 다른 입장과 이익을 고려하기 위해 노력한다.

집행위원회는 회원국의 전문가들로 구성된 자문위원회나 전문화된 감독 위원회의 지원을 받아 각료이사회에서 채택된 공동체의 법규와 정책을 실행한다. 예산을 실행하고, 자금을 관리하는 것도 집행위원회에게 주어진 임무이다. 또한 대외적으로 공동체를 대표하고, 제3국과의 협상을 주관한다. 집행위원회는 농업분야에서 자율적인 결정권을 행사한다.

또한 집행위원회는 공동체의 법규가 제대로 시행되고 있는지를 감독한다. 공동체의 법규를 위반하는 회원국에 대해서는 위반사례에

대한 고발절차를 거쳐 공동체의 재판소에 출석시킬 수 있다. 이와
마찬가지로 공동체의 정책과 관계되는 범위 안에서 기업체에 대한
조사와 기소권을 갖는다.

◆ **집행위원회의 구성 (2000년 1월부터 5년 임기)**

위원장: 로마노 프로디 (이탈리아)

위　원	직　분
Neil Kinnock (영국)	행정개혁
Loyola de Palacio (스페인)	유럽의회와의 관계, 수송, 에너지
Mario Monti (이탈리아)	경쟁
Frantz Fischier (오스트리아)	농업, 농촌개발, 어업
Erkki Liikanen (핀란드)	기업, 정보통신
Frits Bolkestein (독일)	내부시장, 조세, 관세동맹
Philippe Busquin (벨기에)	연구
Pedro Solbes Mira (스페인)	경제, 통화
Poul Nielson (덴마크)	발전, 인도주의적 지원
Guter Verheugen (네덜란드)	확장
Chris Patten (영국)	대외관계
Pascal Lamy (프랑스)	상업
David Byrne (아일랜드)	건강, 소비자 보호
Michel Barnier (프랑스)	지역정치
Viviane Reding (룩셈부르크)	교육, 문화

위원	직분
Michaele Schreyer (독일)	예산
Margot Wallstrom (스웨덴)	환경
Antonio Vitorino (포르투갈	사법, 내무
Anna Diamanto-poulou (그리스)	고용, 사회문제

〈각료이사회〉
각료이사회는 공동체의 결정기구이다. 또한 진정한 의미에서 회원국
의 대표기구이자 이익기구이기도 하다.

◆ **다양한 구성**

각료이사회는 다루어야 할 사안에 따라 다양한 구성이 이루어진
다. 예를 들어, 농업문제를 다룰 때에는 농업부 장관들이 모이고, 수
송문제를 다룰 때에는 교통부 장관들이 소집된다.
상임대표단 위원회는 유럽공동체에 파견된 회원국들의 상임대표로
구성된다. 이들은 각료이사회가 다루어야 할 사안들에 대해 필요한
자료를 준비하며, 회의를 효율적으로 진행시키기 위한 예비협상을
벌인다. 각료이사회는 대외정책과 공동안전을 담당하는 사무국의 지
원을 받는다.

◆ **강력한 제도**

각료이사회는 집행위원회의 제출안을 채택함으로써 공동체의 법규

를 만든다. 다른 한편으로는 마스트리히트 조약에 의거한 국가간의 협력관계를 조율하고 이행하는데, 대외정책과 공동안보, 사법, 내부 분쟁 등이 여기에 해당된다. 예산문제나 공동체의 내부시장에 관한 분야에서는 각료이사회와 유럽의회가 공동으로 결정권을 행사한다.

◆ 만장일치와 과반수 의결

대부분의 사안들이 각료이사회에서 만장일치로 통과되어야 했기 때문에 단일법령이 제정되기까지 유럽의 건설은 서서히 진행되었다. 유럽공동체가 직면했던 첫번째 위기는 프랑스가 각료이사회의 참석을 거부함으로써 생겨났다. 1966년에 조인된 룩셈부르크 조약에 따라 국가이익만을 내세우는 특정국은 자신에게 불리한 안건에 거부권을 행사했다. 마스트리히트 조약에 의해 확인된 단일법령은 이러한 문제점을 보완하기 위해 내부시장에 관련된 사안처럼 과반수의 찬성으로 의결되는 사안을 늘려나갔다. 이러한 결과로 각료이사회는 보다 신속하고 효과적으로 기능할 수 있게 되었다.

◆ 공동체의 주재

유럽연합의 회원국은 6개월에 한 번씩 각료이사회를 주재한다. 회의의 주재국은 6개월 동안 자신이 원하는 방향으로 유럽건설을 구상할 수 있는 가능성을 얻는다.

◆ 2003년 12월 31일까지의 주재국

1995년: 프랑스 (상반기), 스페인 (하반기)
1996년: 이탈리아와 아일랜드
1997년: 네덜란드와 룩셈부르크
1998년: 영국과 오스트리아
1999년: 독일과 핀란드
2000년: 포르투갈과 프랑스
2001년: 스웨덴과 벨기에
2002년: 스페인과 덴마크
2003년: 그리스 (상반기)

◆ 유럽 정상회담

6개월의 주재임기가 끝날 즈음에 회원국의 수반들은 정상회담을 통해 지난 분기를 결산하고, 새 분기에 대한 대략적인 방향을 설정한다. 원래 관습적으로 열리던 유럽 정상회담은 단일법령에 의해 제도화되었고, 마스트리히트 조약에 의해 유럽연합의 핵심기구로 떠올랐다.

◆ 최근의 대표적인 유럽 정상회담

- 룩셈부르크 (1997년 12월): 유럽연합의 가입을 희망하는 6개 후보국들의 협상을 시작하기로 결정했다.

- 탐페라 (1998년 10월): 유럽연합에서 자유와 안전, 정의의 공간
  을 구현하기로 결의했다.
- 리스본 (2000년 3월)과 스톡홀름 (2001년): 유럽연합은 고용율
  을 2005년에 67%, 2010년에는 70%로 증진시킬 것을 목표로
  세웠다. 여성의 고용율은 2005년에 57%에 이르고, 55세부터 64
  세의 노인층은 2010년까지 50%에 도달하게 될 것이다.
- 브뤼셀 (2001년 9월): 미국에서 발생한 9·11 테러 이후에 유럽
  연합은 테러와의 전쟁을 위한 연합전선을 천명했다.

◆ 유효 다수표

회원국들은 국가의 중요도에 따라 배분된 의결권을 부여받는다.

- 프랑스, 이탈리아, 영국, 독일: 10표의 의결권
- 스페인: 8표
- 벨기에, 그리스, 네덜란드, 포르투갈: 5표
- 오스트리아, 스웨덴: 4표
- 덴마크, 아일랜드, 핀란드: 3표
- 룩셈부르크: 2표

유효 다수표는 87표 가운데 최소한 62표를 얻는 것이다.

〈유럽의회〉
유럽의회는 유럽의 국민을 대표하며, 1979년부터 직접선거에 의해
선출된 626명의 의원들이 유럽의회에서 활동하고 있다.

◆ 유럽의회의 권한

유럽의회의 권한은 제한적이다. 원래는 브뤼셀에 소재한 집행위원
회의 제안에 대해 자문적인 견해를 밝히는 데 만족해야만 했다. 하
지만 1986년에 제정된 단일법령에 의해 활동과 권한의 폭이 확대되
었다. 유럽의회는 집행위원회나 각료이사회의 결정에 영향을 미칠
수는 있지만, 최종적인 결정권을 갖지는 않는다. 스트라부르에 소재
한 유럽의회는 집행위원회가 제안한 예산안을 거부할 수 있다. 유럽
의회는 상위조직이라고 할 수 있는 집행위원회에 대해 감독권을 행
사할 수 있다.

◆ 감독기관

유럽의회는 공동체의 활동에 대해 일반적인 감독을 담당한다. 유
럽의회에서는 의원 2/3의 찬성으로 집행위원회를 징계할 수도 있고,
필요한 경우에는 위원을 해고할 수도 있다. 하지만 아직까지는 그처
럼 불미스러운 일이 발생하지 않았다. 마스트리히트 조약에 따라 집
행위원회의 구성은 의회의 승인을 받아야 한다. 유럽의회는 공동정
책이 제대로 실행되고 있는지를 감독하기 위해 집행위원회와 각료이
사회에 서면과 구두로 질의할 수 있다. 또한 유럽의회는 조사 위원
회를 구성할 수 있으며, 시민들의 탄원서를 검토할 수도 있다.

◆ 예산권

유럽의회는 1975년부터 예산을 부결할 수 있는 권한을 보유하고 있다. 예산은 유럽의회의 의장이 서명을 한 뒤에야 비로소 예산이 집행될 수 있다. 유럽의회는 집행위원회에게 예산의 집행권을 부여한다.

◆ 제도적인 기관

유럽의회의 동의 없이는 공동체의 어떠한 법규조항도 제정될 수 없다. 1987년에 단일법령이 발효된 이래로 유럽의회는 공동체의 제안을 검토한다. 이 경우에 절대 과반수 (314표)에 의해 채택된 수정안은 민주주의적인 적법성을 지니며, 의회 수정안의 60-67%는 최종적인 법제도로 수용된다. 국제협정, 신규가입, 시민권과 같은 현안문제에 있어서는 유럽의회의 견해가 중요하다.

마스트리히트 조약은 자유로운 유통, 내부시장, 연구, 환경, 소비, 유럽의 횡단망, 교육, 문화, 건강 등의 분야에서 유럽의회로 하여금 집행 이사회와 동등하게 규칙이나 강령을 제정할 수 있는 권리를 부여했다.

◆ 유럽의회의 운영

유럽의회 본부가 소재한 스트라스부르에서 일반적으로 매달 한 번씩 1주일에 걸쳐 총회가 열린다.

4. 유럽의 정치적 환경 / 91

때로는 총회와 전문 위원회가 브뤼셀에서 열리기도 한다. 약 3,500명의 공무원으로 구성된 의회의 사무국은 룩셈부르크에 소재해 있다. 입법의회의 회기는 유럽의원들의 5년 임기와 일치한다. 2002년 1월부터 아일랜드인 팻 콕스가 의장직을 맡고 있다. 의장은 14명의 부의장과 5명의 재무관, 그리고 의장 협의회의 도움을 받는다.

◆ 유럽공동체의 조직

유럽공동체의 조직은 3개 도시에 분산되어 있다. 브뤼셀에는 각료 이사회와 집행위원회, 그리고 유럽의회의 18개 위원회가 자리 잡고 있다. 룩셈부르크에는 법원과 의회의 여러 행정부서가 위치해 있다. 이 곳에서 일하는 공무원의 수만 해도 2,600명이 넘는다. 스트라스부르에서는 유럽의회의 총회와 공개회의가 개최된다. 이들 가운데 일부는 브뤼셀에서 열리기도 한다. 이로 인해 야기되는 공무원들의 번거로움과 물류의 이동도 무시할 수 없다. 이에 따라 여러 도시에 산재되어 있는 조직체를 한 곳으로 모으자는 제안이 접수되기도 했다. 1990년에 채택된 중재안에 따르면, 일반회기에는 의회를 스트라스부르에서 열고, 브뤼셀에는 반원형의 극장을 지어 일부 회의를 여는 것이다.

◆ 보통선거에 의한 선출

1957년에 체결된 로마 조약은 미래의 유럽의회가 보통선거에 의해 선출될 것을 예견하고 있었다. 하지만 구체적으로 시행되기까지는 그로부터 20년을 더 기다려야했다. 1979년부터 보통선거에 의해 5년 임기로 선출된 유럽의회의 의원들은 국적에 상관 없이 자신들이 표방하는 정치적인 색깔에 따라 유럽의회 안에서 활동하게 된다.

◆ 유럽의회의 구성

1995년 1월 1일을 기준으로 유럽의회는 626명의 의원으로 구성되어 있다. 유럽의회의 의원들은 국적에 의해서가 아니라, 정치철학적 유대감에 의해 정당을 형성한다. 단일적 국가정당을 결성하기 위해서는 29명의 의원이 필요하며, 이원적 국가정당을 이루기 위해서는 23명이 필요하다.

독일 (99명)
프랑스, 이탈리아, 영국 (각 87명)
스페인 (64명)
네덜란드 (31명)
벨기에, 그리스, 포르투갈 (각 25명)
스웨덴 (22명)
오스트리아 (21명)
덴마크, 핀란드 (각 16명)
아일랜드 (15명)
룩셈부르크 (6명)

◆ 각국의 유럽의회 의석수

국가	유럽의회 의석수	1의석당 국민의 수
룩셈부르크	6	66,666
아일랜드	15	240,000
핀란드	16	318,750
덴마크	16	352,000
오스트리아	21	380,952
포르투갈	25	396,000
스웨덴	22	400,000
벨기에	25	404,000
그리스	25	416,000
네덜란드	31	496,774
스페인	64	612,500
이탈리아	87	657,471
프랑스	87	666,666
영국	87	671,264
독일	99	820,202

◆ 1994-1999년의 입법의회 정당

정 당	의원수
유럽 인민당 (민주-기독교인)	232
유럽 사회주의당	181
유럽 자유민주 개혁당	52
녹색당 / 유럽 민주동맹	45
유럽단일 좌파 연맹당 / 북유럽 녹색좌파	43
유럽연합당	22
무소속	33

〈유럽의 좌파〉
전통적으로 노동계층의 이익을 대변하는 유럽의 좌파들은 진정한
단일체를 표방하고는 있지만, 각 나라의 특정한 상황에 따라 다양한
정책과 방안을 제시하고 있다.

◆ 좌파의 원조

좌파는 사회당, 사회민주당, 노동당, 공산당 등의 여러 호칭으로
불리우고 있다. 이들 정당은 19세기의 산업혁명에 의해 창출된 노동
운동의 결과이다. 영국의 노동당과 같은 정당들은 조합운동이나 협
동조합 운동에서 직접적으로 생겨났다. 마르크스주의와 국제 노동자
동맹에서 파생된 정당들도 있다. 독일의 사회민주당과 프랑스의 사
회당, 그리고 모든 공산당들의 경우가 그러하다.

◆ 비공산주의 좌파의 단일성과 다양성

좌파는 자유, 민주, 단합과 같은 공통적인 가치를 지향하며, 사회
의 소외계층인 노동자들의 권익을 옹호하기 위해 노력한다. 처음에
는 혁명노선을 추구하던 좌파들도 점차 개혁적인 성격을 띠게 되었
다. 독일의 사회민주당은 1959년의 바트 고데스베르크 회의를 기점
으로 더 이상 마르크스 이론을 신봉하지 않게 되었다. 이 때부터 독
일은 자본주의 체제를 받아들이고, 기존의 경제체계 안에서 개혁을
추구하기 시작했다. 다른 좌파들은 자본주의 체제 안에서 구조개혁
을 단행하려고 했다. 그래서 1945년 이후에 영국의 노동당원들은 대
규모 국영화 프로그램을 내놓기도 했다. 프랑스에서 사회당은 공공

분야를 중요시하는 혼합적인 경제제도를 옹호하고 나섰다.

◆ 공산당

현재는 이탈리아와 프랑스에만 공산당이 조직적으로 활동하고 있다. 1991년에 좌파의 민주당이 된 이탈리아 공산당은 보통선거에서 21%의 지지를 받았다. 반면에 프랑스 공산당은 1995년의 대통령 선거에서 8.7%의 지지를 얻었을 뿐이다.

유럽의 공산당은 정책에 따라 오랫 동안 크게 두 부류로 양분되어 있었다. 즉, 이탈리아의 공산당과 프랑스의 공산당은 러시아의 공산당에 비해 보다 확대된 자치권을 행사했다. 1990년부터 시작된 소련의 몰락과 동유럽 사회주의의 붕괴는 유럽연합국들의 공산당, 구소련의 공산당과 추종자들의 관계를 재조명하는 계기가 되었다.

〈녹색당〉

녹색당은 한편으로 좌파의 정치적 공약에 반기를 들면서도 다른 한편으로는 좌파가 선호하는 가치에 동조하는 성향을 보인다. 녹색당은 1984년에 처음으로 유럽의회에 진출했다. 5년 뒤에는 유럽연합 11개 회원국의 참여를 이끌어내면서 제1차 유럽 녹색당 회의를 소집했다. 1970년대의 환경주의 운동에서 탄생한 녹색당에게 있어 무엇보다 중요한 것은 자연보존이다. "우리의 지구는 하나뿐이다"라는 슬로건이 이러한 사실을 단적으로 말해주고 있다. 녹색당은 원자력 발전소의 건설이나 경제발전 위주의 사회정책에 반대하며, 제3세계에 대한 원조를 주장한다.

1993년에 이탈리아 좌파와 중도파의 지지를 받은 녹색주의자 프란체스코 루텔리는 극우파를 물리치고 로마 시장에 당선되었다. 1997년에는 프랑스 녹색당의 총수인 도미니크 부아네가 리오넬 죠스펭이 이끄는 좌파 내각에서 환경부 장관으로 발탁되기도 했다.

◆ 각국에서 차지하는 사회당원의 비율

국가 (연도)	사회당 의원 의석수	총의석수	비율
독일 (1998)	289	672	40.9
오스트리아 (1995)	71	183	38.5
벨기에 (1995)	41	150	24.5
덴마크 (1998)	90	179	36
스페인 (1996)	141	350	37.5
핀란드 (1995)	63	200	28.5
프랑스 (1997)	245	577	39
그리스 (1996)	162	300	41.5
아일랜드 (1997)	17	166	10
이탈리아 (1996)	171	630	21
룩셈부르크 (1994)	17	60	25.5
네덜란드 (1998)	45	150	29
포르투갈 (1995)	109	246	43
영국 (1997)	421	659	43
스웨덴 (1998)	131	349	36.6

〈보수당과 자유당〉
유럽의 우파는 행동의 자유와 질서유지 등의 공통된 가치를 추구한다.

◆ 기독민주당

프랑스의 장 모네와 로베르 쉬망, 독일의 콘라트 아데나우어, 이탈리아의 알키데 데 가스페리와 더불어 유럽 기독민주당의 계보가 시작되었다. 기독교적인 전통을 계승한 기독민주당은 개인의 자유와 행복, 도덕적인 가치와 더불어 민주주의를 수호하기 위해 노력한다. 이러한 이유 때문에 기독민주당은 이혼이나 임신중절과 같은 도덕적인 문제에 대해 적대적인 태도를 보이기도 한다.

종교적 유대감으로 결집된 기독민주당은 다양한 사회계층으로 구성된다. 독일, 벨기에와 같은 나라에서는 기독민주당이 다수 유권자의 지지를 얻는 경우가 많다.

◆ 보수당

보수당은 자본주의와 시장경제를 신봉하며 국영화에 반대한다. 영국의 보수당은 군주정치를 옹호하며, 전통적인 권위와 대영제국, 사회적 질서 등에 집착한다. 150만 명의 당원을 거느린 영국의 보수당은 노동당과 번갈아가며 집권하고 있다.

◆ 자유당

원래 자유당은 보수당과 대립되는 정당이다. 영국의 자유당은 정치적인 자유, 전제적인 왕권에 대한 의회의 권리를 옹호해왔다. 1978년에 발레리 지스카르 데스탱에 의해 창립된 UDF (프랑스 민주주의를 위한 연합)은 자유주의를 신봉하는 분파들을 결집시켰다.

〈극우파〉
극우파는 극단적인 국가주의, 반공산주의, 그리고 인종적인 편견에

사로잡힌 민족주의를 표방한다. 이들은 이민자들의 수용을 적극적으로 반대하며, 사형제도의 부활을 주장하기까지 한다.

독일의 극우파는 비교적 미약한 반면, 프랑스와 이탈리아의 극우파는 매우 강력한 정치집단으로 발전했다. 1995년에 대통령 선거에 출마한 프랑스 극우파인 국민전선의 장 마리 르펜은 15.2%의 득표를 기록하기도 했다. 이탈리아에서 1984년에 움베르토 보시가 세운 롬바르디아 자치동맹은 1990년에 북부동맹으로 탈바꿈했다. 북부동맹 출신의 후보가 1993년에 이탈리아 제2의 도시인 밀라노의 시장에 선출되기도 했다.

◆ 유럽 각국에서의 우파의 지위

국 가 (연도)	사회당의 의석수	총의석수	비 율
독일 (1998)	245	672	35.2
오스트리아 (1995)	52	183	28.5
벨기에 (1995)	40	150	25
덴마크 (1998)	42	179	24
스페인 (1996)	156	350	39
핀란드 (1995)	44	200	20
프랑스 (1997)	257	577	43
그리스 (1996)	108	300	38
아일랜드 (1997)	77	166	46.5
이탈리아 (1996)	246	630	37
룩셈부르크 (1994)	21	60	30
네덜란드 (1998)	29	150	18.5
포르투갈 (1995)	83	246	34
영국 (1997)	163	659	31
스웨덴 (1998)	82	349	22.7

〈유럽재판소〉
유럽공동체의 재판소는 룩셈부르크에 소재한다. 유럽재판소의 주요
임무는 공동체의 법률적용을 해석하고 확인하는 것이다.

◆ 독립적인 기관

유럽재판소는 15명의 판사와 이들을 보조하는 6명의 변호사로 구
성된다. 유럽재판소의 판사와 변호사는 회원국의 일괄적인 동의를
얻어 6년의 임기로 임명된다. 유럽재판소장은 판사들 가운데서 선출
되며, 임기는 3년이다. 유럽연합의 회원국은 각각 1명의 판사를 선
정한다. 재판소의 판결은 과반수, 즉 15명의 판사 가운데 8명의 찬
성에 의해 결정된다.

◆ 유럽재판소의 역할

유럽재판소는 공동체의 법률에 관한 사안에만 개입한다. 따라서
그 임무가 국가법으로까지 확대될 수는 없다. 유럽재판소는 선결권
을 갖는데, 특정한 국가에서 소송이 진행되던 사건이 유럽재판소로
이송되는 경우에 이러한 권한이 적용된다.
유럽재판소는 다음의 문제들을 해결할 수 있다.

- 회원국간의 소송
- 공동체와 회원국 사이의 소송 (집행위원회는 유럽조약의 규정을
  위반한 데 대해 프랑스를 상대로 소송을 제기했다)
- 공동체의 기구들간의 소송 (유럽의회는 각료이사회가 의사결정

에 있어 자신의 의견을 존중하지 않았다고 비난했다)
- 개인과 공동체간의 소송 (집행위원회는 경쟁업체간의 규칙을 지
키지 않았다는 이유로 특정업체를 기소했다)

◆ 1심 재판소

유럽재판소의 과도한 업무를 덜기 위해 1심 재판소를 개설했다.
1989년 7월 17일에 문을 연 1심 재판소는 다음과 같은 일을 다룬다.

- 공동체의 기구와 직원들 내지 공무원들간의 소송
- 경쟁에 관련된 사건
- 손해배상 소송

1심 재판소의 판결에 승복하지 않는 경우에는 유럽재판소에 상소
될 수 있다.

◆ 유럽통합의 견인차

유럽재판소는 유럽통합의 견인차 역할을 한다. 재판소에서 내려지
는 판결은 모든 회원국과 주민에게 적용된다. 유럽재판소는 1993년
1월 1일에 시행된 내수시장의 실현에 있어 매우 중대한 역할을 수
행했다.
지난 몇 년 동안의 주요판결을 살펴보면 다음과 같다.

4. 유럽의 정치적 환경 / 101

- 1975년의 놀트 판결에서 유럽재판소는 인권이 공동체 법률의 일부라는 사실을 재확인했다.
- 1976년의 로이어 판결을 통해 한 회원국의 국적을 가진 시민이 다른 회원국에서 발급하는 체류증 없이도 그 곳에 체류할 수 있는 권리를 확인해주었다.
- 1979년의 카시 드 디종 판결에서 유럽재판소는 한 회원국에서 적법하게 만들어진 모든 생산품이 다른 회원국의 시장에서도 동등하게 받아들여져야 한다는 원칙을 확인했다.
- 1971년의 판결을 통해 유럽공동체는 국제적인 협정을 체결할 권한을 부여받았다.
- 1983년에 유럽재판소는 그라비에르 판결에서 벨기에 정부에 유죄를 선고했다. 그것은 벨기에의 초중고 학교나 대학들이 자국의 학생에게 면제된 등록금을 다른 회원국의 유학생들에게 부과했기 때문이다. 유럽재판소는 부당하게 징수한 등록금을 비차별 원칙에 따라 환불해주도록 명령했다.

◆ 유럽재판소와 관련된 통계수치 (1953년 이래로 제기된 국가과실 소송)

국 가	2000년	1953-2000년
스웨덴	3	5
핀란드	4	5
오스트리아	8	21
덴마크	0	22
영국	4	51
포르투갈	10	64

국 가	2000년	1953-2000년
네덜란드	12	72
스페인	9	76
룩셈부르크	11	111
아일랜드	14	111
독일	12	143
그리스	18	190
벨기에	5	243
프랑스	25	245
이탈리아	22	406
합계	157	1,765

◆ 자신의 권리를 옹호하다

　유럽연합의 개인은 자신의 권리를 주장하고, 공동체 차원에서 자신의 이익을 옹호할 수 있다. 즉, 룩셈부르크의 재판소에서 자신의 입장을 변호하거나 집행위원회와 유럽의회에 직접 호소할 수도 있다.
　개인은 유럽연합의 회원국을 유럽재판소에 기소할 수 없다. 하지만 브뤼셀에 있는 집행위원회에 유럽법을 지키지 않은 회원국을 서면으로 고발할 수 있다. 집행위원회는 공동체 법률을 준수하지 않은 회원국을 기소할지 여부를 결정한다. 기업이나 단체 혹은 개인의 호소는 1999년에 1305건, 탄원은 1999년에 958건이 접수되었다. 호소와 탄원은 공동체 법률의 위반사항을 찾아낼 수 있는 가장 중요한 단서가 되고 있다.

◆ 유럽의회에 탄원권을 행사하다

개인이나 회사, 단체는 유럽연합의 활동과 관련된 탄원서를 유럽
의회의 의장에게 보낼 수 있다. 의장은 접수받은 탄원서를 유럽의회
의 탄원서 위원회에 전달하고, 위원회는 탄원서의 이행 가능성을 판
단한다. 탄원서의 이행이 가능하다고 판단되면, 집행위원회와의 연
락, 현지에서의 진상조사 등 필요한 모든 조처를 취한다.

◆ 유럽의회의 의원에게 알리다

유럽연합의 모든 시민은 자신의 문제를 자신이 속해 있는 지역의
유럽의회 의원이나 다른 유럽의회 의원에게 알릴 수 있다. 의원은
집행위원회와 주무장관에게 서면이나 구두로 질의하고, 이에 대한
답변은 공시된다.

◆ 개인이 하기 어려운 상소

무효상소는 유럽재판소로 하여금 공동체의 법규나 강령 혹은 결정
을 무효화시키게 만드는 데 그 목적이 있다. 이러한 소송은 회원국
이나 각료이사회, 집행위원회, 또는 유럽의회에 의해 추진될 수 있
다. 일반적으로 개인은 자신에게 직접 상관되는, 그래서 스스로 수신
인이 되는 경우에만 무효상소를 할 수 있다.

국가에 대한 항소는 유럽재판소가 특정한 회원국이 공동체법을 준
수하지 않았는지를 확인하는 것이다. 집행위원회나 회원국만이 이러

한 항소를 할 수 있다. 실제로 결석한 회원국을 기소하는 것은 집행 위원회이다. 유럽재판소에 의해 유죄판결을 받은 국가는 자국의 법규를 유럽법에 부합되도록 개정해야 한다. 유럽재판소는 판결에 따르지 않는 회원국에 대해서는 과징금을 부과할 수 있다.

◆ 조정자

유럽의회는 핀란드인 야콥 소더만을 유럽 조정자로 선정했다. 조정자의 임기는 5년이며, 사무소는 스트라스부르에 소재한다. 조정자는 공동체 조직의 잘못된 행정에 관해 유럽연합에 속한 시민이나 기업이 제출한 탄원서를 접수할 수 있다. 여기서 유럽재판소의 법적인 기능에 관한 부분은 제외된다. 조정자는 제출된 탄원서에 의거해 필요한 조사에 착수하며, 탄원인에게 그 결과를 통보해준다.

◆ 유럽의회에 제출된 탄원서의 예

유럽의회에 의해 검토된 대부분의 탄원서는 시민의 권리에 관한 것들이다.

- 여러 회원국에서 일을 한 근로자들의 연금과 사회 보험금에 관한 문제
- 국적에 따른 차별대우
- 남녀차별
- 국경에서 일어나는 마찰

- 서비스의 자유
- 학위인정
- 체류증 등의 문제

유럽의회는 사법기관이 아니기 때문에 판결을 내리거나 회원국에 의해 내려진 결정을 취소할 수 없다.

〈법규, 강령, 결정〉
여러 조약에 의해 공동체의 기구들, 특히 집행위원회와 각료이사회 는 일련의 법규를 제정할 수 있게 되었다.

◆ 법 규

법규는 일반적이며 절대적인 구속력을 가지며, 직접적으로 회원국 에게 적용된다. 유럽연합 내에서 근로자와 가족들의 자유로운 왕래 에 관한 법규를 그 예로 들 수 있다.

◆ 강 령

강령은 회원국으로 하여금 일정한 기간 내에 일정한 목적을 달성 하게 만드는 법령이다. 특정한 회원국이 자국의 법제도와 관련해 강 령을 편입시키지 않고 그 시한을 넘기면, 유럽재판소는 문제의 강령 이 특정 회원국에서 시민이나 기업에 직접 적용될 수 있는지를 판단 한다. 부가가치세에 대한 국가간의 조율은 강령의 형식으로 이루어 진다.

◆ 판 결

판결은 강제적이며 직접적으로 적용된다. 예를 들어, 집행위원회가 유럽의 경쟁정책에 위배되는 행위를 한 기업체에 대해 시정명령과 더불어 벌금을 부과할 수 있는 것은 판결에 의해서이다.

◆ 권 고

권고는 당사자의 자율적인 해결을 권유하는 것이기 때문에 어떠한 구속력도 없다.

◆ 공동체 법의 우위성

공동체라는 개념 자체가 공동체의 법질서가 국가적 법보다 우선한다는 의미를 내포하고 있다. 유럽재판소는 다음의 원칙을 명백하게 규정하고 있다. 즉, "조약에서 규정된 법은 그 특수적이며 독창적인 성격에 의해 어떠한 경우에도 부정될 수 없다." 따라서 유럽연합의 회원국은 새로운 공동체 규범에 반하는 국가조항을 폐기해야 한다. 모든 회원국들은 공동체 법 우선의 원칙에 동의했고, 심지어 자신의 국가법령에 이러한 원칙을 명백하게 표기한 국가도 있다.

◆ 공동체 법의 시행

1999년에 공동체 법령의 적용에 관한 연례 보고서에서 1075건의 위반사례가 적발되었다. 하지만 이들 가운데 대부분은 유럽재판소로 가기 전에 시정되었다. 유럽재판소에서 소송이 제기된 사례는 1998년에 123건, 1999년에는 178건이었다. 회원국을 상대로 한 과실소송의 50%는 회원국이 주어진 기간 내에 위원회가 명령한 해결방안을 받아들였기 때문에 손쉽게 해결되었다. 국가법에서 공동체 법으로의 전환은 평균 90%를 넘어섰다. 관세에 있어서는 100%, 조세에 있어서도 99%나 되었다.

◆ 유럽공동체의 관보

유럽연합의 공문서는 유럽연합 관보에 실린다. 유럽연합 관보는 룩셈부르크에 있는 공동체의 출판사무소에서 출판되며, 정기구독이 가능하다.

◆ 공동체 법의 역사

로마 조약은 협의절차를, 단일법령은 협력절차를 규정했다. 마스트리히트 조약은 공동결정 절차와 더불어 공동체를 새로운 차원으로 발전시켰다.

◆ 협의절차가 문제일 때

각료이사회는 유럽의회와 경제사회 위원회의 의견을 얻는 뒤에 원래의 제안을 그대로 채택하거나 수정할 수 있다.

◆ 협력절차가 문제일 때

각료이사회는 유럽의회와 경제사회 위원회, 필요한 경우에는 지역위원회의 의견을 물은 뒤에 공동 노선을 채택한다. 이러한 공동노선은 유럽의회로 이송되고, 유럽의회는 3개월의 기간 내에 안건을 수락하거나 거부 혹은 수정한다. 그리고 각료이사회는 3개월 내에 절대 과반수의 지지를 얻어 최종안을 결정해야 한다. 만일 각료이사회가 유럽의회의 의견에 상관 없이 안건을 처리하려고 한다면, 의결은 만장일치가 되어야 한다. 어떠한 경우에도 최종적인 결정권은 각료이사회에 있다.

◆ 공동결정 절차가 문제일 때

유럽의회는 자신에게 이송된 제안에 대해 비토권을 행사할 수 있다. 의회의 두 번째 심의까지는 협력절차와 같은 단계를 거친다. 두 번째 심의가 끝난 뒤에는 각료이사회가 의회의 수정안을 채택하거나 거부할 수 있다. 각료이사회와 의회 대표자들이 모인 위원회에서는 화해절차가 이루어진다.

〈경제사회이사회, 회계감사원, 유럽 투자은행, 지역위원회〉
이들은 집행위원회나 각료이사회, 유럽의회에 비해 잘 알려지지 않
은 조직이다. 하지만 결코 무시할 수 없는 기능과 책임을 지고 있다.

◆ 경제사회이사회

경제사회이사회는 브뤼셀에 위치해 있다. 자문기관임에도 불구하
고, 경제사회와 관련된 문제를 논의한다.

◆ 회계감사원

룩셈부르크에 소재한 회계감사원은 1977년 10월부터 활동에 들어
갔다. 6개월 임기인 15명의 감사는 각료이사회에서 만장일치로 선정
된다. 회계감사원은 공동체의 수입과 지출이 법규에 어긋나지 않게
이루어졌는지를 감독한다.

◆ 지방위원회

마스트리히트 조약에 의해 신설된 지방위원회는 지역 및 지방자치
단체의 대표들인 222명으로 구성된다. 지역단체와 관련된 5개의 주
요사안, 즉 교육과 보건행정, 유럽 횡단망(교통, 통신, 에너지), 문화,
경제사회적 단결 등이 논의의 대상이다. 본부는 브뤼셀에 있다.

◆ 유럽투자은행

유럽투자은행은 공동체의 조직인 동시에 금융조직이다. 융자대상은 우선 경제적으로 가장 취약한 공동체 국가와 지역이다. 유럽투자은행은 지중해권, 아프리카권, 카리브권, 태평양권, 동구권 등의 국가에도 융자를 해준다.

2000년도에 유럽투자은행에 의해 인가된 융자금 총액은 **409억 유로**가 넘었다. 특히 유럽연합의 가장 취약한 지역에 우선적으로 투자지원이 이루어졌다. 이러한 목적에서 유럽투자은행은 다른 재정기관이나 은행과 긴밀히 협조하며, 산업과 서비스, 교육, 보건, 환경과 하부구조 등에 재정적인 지원을 아끼지 않는다.

◆ 유럽투자은행 융자의 지리적 분포 (단위: 100만 유로)

2000년	국가	1995-2000년
	유럽연합	
503	벨기에	3,384
991	덴마크	4,060
6,038	독일	23,281
1,712	그리스	5,335
4,119	스페인	16,667
3,323	프랑스	15,684
419	아일랜드	1,165
5,640	이탈리아	21,718
200	룩셈부르크	510
260	네덜란드	2,161
735	오스트리아	2,744
852	포르투갈	7,604
525	핀란드	2,356

2000년	국가	1995-2000년
621	스웨덴	3,600
3,303	영국	15,877
321	밖에서 진행된 유럽연합의 이익을 위한 계획	1,286
30,644	합계	127,431
2,948	유럽연합 후보 국가	-
1,214	지중해 국가	-
401	아프리카, 카리브, 태평양 국가	-
140	남아프리카	-
532	남아메리카, 아시아	-
154	발칸	-
36,033	합계	-

〈유럽의 예산〉

유럽연합은 자율적인 예산을 갖는다. 수입은 회원국의 기부금이 아닌, 유럽연합 고유의 재정이다. 2002년에 투입된 예산 9,500만 유로는 공동체의 정책을 위한 지원으로 쓰여졌다.

◆ 수 입

수입원은 크게 세 가지로 나뉘어진다. 첫번째 수입원은 농산물에 대한 세금, 관세, 일부 특수제품 (설탕이나 이조글루코스, 이눌린)에 대한 분담금이다. 2002년 예산에서는 수입의 13.7%를 차지했다. 두번째 수입원은 회원국이 징수한 부가가치세의 일부 (1986년 이래로 부가가치세의 1,4%)이다. 전체수입의 24.1%에 해당된다. 세번째 수입원은 회원국의 국민총생산에 대한 비례징수로서 총수입의 61.5%에 이른다.

이러한 수입원은 마스트리히트 조약 이전에 공동체가 스스로 정한 예산안의 테두리 안에서 1994년에 국민총생산의 1.2%로 상한선이

그어졌고, 99년에는 1,27%가 되었다.

◆ 지 출

공동체는 예산집행에 있어 농업보조에 치중해왔다. 농업에 대한 재정지원은 규칙적인 감소추세에 있기는 하지만, 1989년에 62%, 2002년에는 45.3%로 여전히 중요한 비중을 차지하고 있다. 반면에 유럽연합의 사회적, 지역적 불균형을 바로잡기 위한 구조조정 정책에 할애된 지출은 지속적으로 증가하고 있다. 2002년에는 전체예산의 33.7%를 차지했다.

대외활동에 대한 지출은 5.1%이고, 후보국들의 선가입 프로젝트에 할당된 예산은 3.4%이다. 공동정책에 있어 농업 다음으로 중요하게 인식되고 있는 연구는 총지출의 4.1%를 차지한다. 반면에 다른 공동정책들, 즉 수송이나 교육, 문화, 에너지, 환경, 소비자 문제, 내부시장, 산업 등은 1997년에 6%를 넘었지만, 2002년에는 2.2%밖에 되지 않았다. 공동체 운영을 위한 지출은 안정적으로 5% 수준이다.

유럽연합의 예산은 전체 회원국의 국민총생산에서 1%를 차지하며, 1인당 연간 200유로에 해당된다.

◆ 예산의 의결

유럽연합에서 예산을 의결하는 기구는 각료이사회와 유럽의회이다. 각료이사회는 조약이나 법령에 의거한 필수적인 지출에 대해 최종적인 결정을 내린다. 필수적인 지출은 전체예산의 약 75%에 해당한다. 유럽의회는 나머지 **25%**에 해당하는 지출을 결정한다. 또한 유럽의회는 예산안 전체를 거부하고, 새로운 예산절차를 명령할 수 있다. 실제로 **1979**년과 **1984**년에 이러한 일이 생겨났다. 예산은 유럽의회의 의장이 인준한 뒤에야 집행될 수 있다. 두 의결기구 사이에 예산을 둘러싼 분쟁의 소지가 많기 때문에 협의절차에 관한 협정이 체결되었다.

◆ 부정행위와의 투쟁

예산집행에서의 부정행위가 적지 않게 발생하고 있다. 해마다 농업항목 지출의 **1-2%**가 적법하지 않은 거래에 의해 집행되었다. 그래서 집행위원회는 **1999**년에 부정행위 방지장치를 보완해냈다.

- **200**명으로 구성된 반부정행위 유럽사무소는 수사를 독립적으로 수행하며, 국가 행정기관과 협력한다.
- 담배나 우유, 직물, 올리브유, 쇠고기 등과 같이 위험성이 있는 항목은 특별관리 대상이 된다.
- 모든 회원국에 대해 효율적이고도 일률적으로 적용할 수 있는 사법적인 처벌장치가 채택되었다.
- 부정행위를 고발할 수 있는 녹색전화 번호가 설치되었다.

◆ 공동체의 주도적인 역할

공동체는 유럽의 여러 지역에 공통된 문제를 해결하는 데 기여할 수 있는 다양한 프로그램을 선보였다. 1994년부터 1999년에 걸쳐 100억 유로가 지원되었다.

- '인터레그'라고 불리우는 효율적인 프로그램을 통해 인접하고 있는 지역간의 연결이 확충되었다. 예를 들어, 그리스 북부를 관통해 이탈리아 접경에 위치한 이구메니스타 항구를 동쪽의 터키 국경과 연결해주는 에그나시아 고속도로의 건설이 그것이다.
- 공동체는 벨기에와 룩셈부르크의 협력 프로그램을 지원하고 있는데, 목표는 10년에 걸쳐 8,000여 개의 작업소를 창출한다는 것이다. (프랑스에 5,500개, 벨기에에 1,500개, 룩셈부르크에 1,000개) 이 외에도 도시정책, 시골개발 정책과 고용분야에서의 차별철폐 등의 프로그램이 있다.

◆ 단결기금

단결기금은 유럽 경제의 통합이 어려운 회원국을 지원하기 위해 1993년에 제정되었다. 2006년까지 180억 유로의 예산을 배정받은 단결기금은 그리스, 스페인, 아일랜드, 포르투갈 등 4개국의 수송 하부구조와 환경영역에서의 발전계획을 지원한다. 재정지원을 받기 위해서는 수혜국이 단일통화로의 이행에 필수적인 '수렴기준'을 존중해야 한다.

◆ 진보된 지역의 득실

　경제적으로 가장 뒤처진 지역에 대한 구조기금은 진보된 지역의 경제에 간접적이며 긍정적인 영향을 미친다. 그리스, 스페인, 포르투갈과 아일랜드에 지출된 100유로 가운데 20-50유로가 다른 회원국의 이익으로 되돌아온다는 평가가 제시되었다. 구조적인 지원활동은 공동체 전반의 경제성장을 촉진하는 데 기여한다고 할 수 있다.

5. 유럽의 사회적 환경

신원검문

　1993년 1월 1일부터 국경지대에서는 세관이 사라졌다. 1995년 3월 26일부터는 셍엔 조약에 가입한 7개국에서 신원검문이 폐지되었다. 신분증이나 여권을 지닌 유럽연합 (영국과 아일랜드를 제외한)의 시민은 여행에 제약을 받지 않고, 개인물품을 국경 너머로 휴대할 수 있으며, 짐은 항구나 공항에서 수색의 대상이 되지 않는다. 하지만 마약이나 위험물질의 수송, 무기밀매, 예술품의 밀매 등의 경우에는 국경과 별도로 임시 세관이 개입할 수 있다.

　18세 미만의 미성년자는 부모의 서면동의 없이 혼자 국경을 넘을 수 없다.

◆ 셍엔의 적용

　셍엔 조약은 유럽연합 회원국간의 자유로운 상호왕래를 목표로 한다. 암스테르담 조약은 유럽연합의 제도적 테두리에서 정부간 협력영

역에 속하던 솅엔 조약을 포괄하고 있다. 암스테르담 조약에는 2004
년까지 유럽연합 시민이나 제3국 시민이나 할 것 없이 누구나 유럽연
합의 내부국경을 통과할 때, 신원검문을 받지 않도록 되어 있다.

원칙적으로 솅엔 지역의 공항에는 두 개의 터미널이 설치되었다.
하나는 국내선 이용객과 솅엔 지역 내의 여행자를 위한 것이고, 다
른 하나는 솅엔 지역이 아닌 국가에서 입국하거나 출국하는 승객을
위한 터미널이다. 후자의 경우에는 검문을 받게 되어 있다.

◆ 외부국경의 강화

검문은 유럽연합 외부국경에서 이루어진다. 회원국에 거주하는 시
민은 다른 회원국으로 자유롭게 이동할 수 있다. 이는 유럽연합 회
원국간의 신뢰와 연대의식을 바탕으로 한다. 유럽연합은 제3국과의
국경검문을 책임 있게 수행함으로써 자국의 안전뿐 아니라, 다른 회
원국의 안전을 보장할 수 있다. 따라서 공동체 내부국경의 폐지와
더불어 외부국경의 검문을 한층 더 강화해야 할 필요성이 대두되고
있다.

◆ 유럽 여권과 온전 면허증

1985년부터 유럽 여권이 발급되기 시작했다. 현재는 대부분의 회원
국에서 유럽 여권이 발급되고 있다. 유럽 여권은 자줏빛이 감도는 연
보라색으로 '유럽공동체'의 표시와 국가명이 새겨져 있으며, 유효기간
은 10년이다. 운전면허증은 유럽연합 내에서는 3달 동안 유효하다.

◆ 테러리즘과 범죄의 근절을 위한 투쟁

1992년 말부터 세관정보시스템은 실시간으로 유럽연합의 입구와 출구에 설치된 세관을 연결해 불법적인 밀매 (마약, 무기, 예술품, 위험물질 등)를 감시하고 있다. 유로폴은 1999년부터 마약, 테러, 조직범죄 등을 근절시키기 위한 활동을 편다. 유로폴의 본부는 헤이그에 있다.

◆ 이민정책

유럽연합은 불법이민과 불법취업을 막기 위해 공동보조를 취하고 있다. 이를 위해 비자를 받아야만 유럽연합으로 들어올 수 있는 국가의 목록을 작성하기로 합의했다. 이와 병행해 단일한 유럽 비자를 제정하려는 계획이 진행되고 있다. 이로써 유럽연합의 한 회원국에 적법하게 입국한 제3국의 시민은 다른 회원국으로 자유롭게 이동할 수 있게 된다. 유럽연합의 공동비자는 3개월을 초과하지 않는 단기 체류의 경우에만 유효하다.

◆ 개인의 구매

제3국에서 구입한 물품은 성인의 경우 175유로, 15세 미만 어린이의 경우에는 90유로의 세금면제가 주어진다. 1999년 7월 1일부터는 유럽연합 내에서 면세판매가 사라졌다. 면세점이 존재하는 일부 유럽지역은 예외이다.

◆ **주류나 담배, 커피, 홍차의 구매에 적용되는 조세면제**
(1인당 구매량의 제한과 더불어)

제 품	다른 회원국에서 구입할 경우	항구와 공항에서 면세로 구입 또는 제3국에서 수입할 경우
담배	800개피	200개피
작은 여송연	400개피	100개피
여송연	200개피	50개피
권련	1Kg	250g
22도 이상의 알콜	10리터	1리터
22도 이하의 알콜	20리터	2리터
포도주	90리터	2리터
맥주	110리터	2리터
향수류		50g
커피		500g
홍차		100g

부가가치세, 담배와 주류에 부과되는 소비세율 등과 같은 간접조세가 국가에 따라 차이를 보이기 때문에 일부제품에 대해서는 수입한도와 조세면제를 시행할 수밖에 없다. 이러한 세금제도는 점차 폐지될 것이다. 그렇게 되면 국경에서의 구매가 더 이상 매력적이지 않게 될 것이다.

◆ **다른 회원국에서의 정착**

개인이 다른 회원국으로 이사할 경우에는 자신의 소유물을 검문이나 세금 없이 옮길 수 있다. 출발지에서 세금을 지불하고 물품을 구입한 경우에는 물품의 가격에 대한 어떠한 표시도 요구될 수 없다.

자동차나 카라반, 트레일러 등의 운송차량은 과세대상에서 제외된다. 물론 이들 차량이 구입한 지 6개월 이상이고, 개인용도로 구입한 경우에만 그러하다. 차량등록에 관한 절차는 국가에 따라 다르다. 일반적으로 차량의 등록은 정착할 국가에서 6개월 이전에 신청하면 된다. 이를 위해 출발국의 등록확인증과 공증서를 지참해야 한다. 차량의 소유자가 도착지에서 차량을 계속 운행하면, 이에 부과되는 세금을 내야 한다. 도착지에서 중고차에 대한 기술점검을 요구할 수 있다.

한 회원국의 거주자가 다른 회원국에 위치한 직장을 출퇴근하기 위해 자가용 차량을 이용하는 경우에는 기간에 상관 없이 세금면제 혜택을 받는다. 다른 회원국에서 공부하는 학생은 차량을 구입할 경우에 세금면제를 받을 수 있다.

◆ 결혼이나 유산상속

다른 회원국으로 이사하는 결혼 당사자들은 세금이나 절차 없이 개인재산과 결혼선물을 가져갈 수 있다. 다른 회원국에서 상속받은 재물은 자신의 거주지로 자유롭게 들여올 수 있다.

◆ 납 세

유럽연합의 근로자는 자신이 근무하는 국가에서 개인수입에 대한 세금을 낸다. 구체적으로 벨기에에 위치한 기업의 프랑스인 봉급자는 그 기업이 프랑스 기업의 자회사나 지사라고 해도 벨기에에 세금을 내야 한다.

집행위원회는 거주지가 아닌 국가에서 일하는 근로자는 직장이 위치한 국가에서 세금을 납부하고, 거주자와 동등한 조세혜택과 할인을 받도록 규정하고 있다. 일반적으로 봉급이 총수입의 **75%** 이상을 차지할 경우에는 근로자의 직장이 위치한 국가에서 대부분의 수입을 얻은 것으로 간주한다. 국경부근에서 일하는 근로자는 과세지역을 스스로 선택할 수 있다. 즉, 거주국이나 직장이 있는 국가 가운데 택할 수 있다. 이를 위해 회원국간의 양방협정이 체결되었다. 프랑스를 제외한 모든 회원국에서 고용주에 의해 징수된 세금은 곧바로 국가에 지불된다.

◆ 체류권

체류권은 이미 오래 전부터 근로자와 그의 가족들에게 허용되었다. 1992년 6월 30일부터는 유럽연합의 거의 모든 시민들이 자유로운 체류권을 향유할 수 있게 되었다.

근로자의 체류권에는 두 가지가 있다.

- 3개월 미만의 체류에는 특별한 절차를 밟지 않아도 된다.
- 일자리 (봉급자, 자영업 혹은 서비스 제공)를 찾는 유럽 시민은 거주할 국가에 정착할 권리가 있으며, 거주국은 체류증을 발급해주어야 한다. 이 증명서는 거주국 어디서나 유효하며, 최소한 5년 동안 연장이 가능하다. 또한 근로자가 거주국을 12개월까지

떠나 있거나 군복무를 하더라도 유효하다.

◆ 가족의 이주

다른 회원국에서 일자리를 찾은 근로자는 자신의 가족을 데려올 권리가 있다.

- 배우자
- 21세 미만의 자식
- 21세까지의 손자
- 21세 이상이지만 근로자가 부양해야 하는 자식과 손자
- 근로자가 부양해야 할 부모나 배우자의 부모

근로자와는 달리 배우자의 다른 가족들은 회원국의 국적을 갖고 있지 않아도 된다. 예를 들어, 벨기에에 정착한 프랑스 근로자는 터키 국적의 부모를 불러올 수 있다. 회원국의 국적을 소유하지 않은 가족 구성원은 필요한 비자를 얻어야 한다. 이들이 거주지에 정착한 뒤에는 어떠한 직업활동도 할 수 있다.

◆ 체류증

근로자는 의무적으로 체류증을 신청해야 하며, 신원검문이 있을 경우에는 체류증을 제시해야 한다. 체류증을 얻기 위해서는 자신의 신분증과 일자리를 증명하는 서류를 당국에 제출해야 한다. 봉급 생

활자는 고용주의 증명만으로도 체류증을 얻을 수 있다. 자영업자의 경우에는 직업등록증이나 무역등록부를 제출해야 한다.

공공질서나 안전, 공공위생을 저해할 수 있다고 판단될 경우에 근로자는 체류증 발급을 거부당할 수 있다. 체류를 거부당한 신청자는 자신의 권리를 주장할 수 있는 충분한 시간을 갖는다. 즉, 첫번째 신청이 기각되었을 경우에는 15일, 연장신청이 거부되었을 경우에는 1개월의 이의신청 기간이 주어진다. 이러한 요구가 받아들여지지 않을 때에는 유럽연합의 다른 기관에 호소할 수도 있다.

체류증을 소지한 근로자라 할지라도 공공질서와 안전, 혹은 공공위생이 위협받는 경우에는 거주국에서 추방당할 수 있다.

또한 다음의 이유에서도 추방당할 수 없다.

- 재정상태가 악화된 경우
- 여권이나 체류증의 기한이 만료된 경우
- 경범죄로 실형을 선고받은 경우

다음의 경우에도 체류증을 압류당할 수 있다.

- 사고나 질병으로 노동을 할 수 없는 경우
- 일자리를 잃은 경우

◆ 모든 유럽인에게 확대된 체류권

1992년 6월 30일부터 체류권을 향유할 수 있는 대상이 확대되었다.

- 학업을 진행하고 있는 학생
- 공동체에서 봉급 생활자로 있거나 퇴직자
- 회원국의 모든 시민

체류권을 얻기 위해서는 두 가지 조건이 충족되어야 한다. 즉, 거주할 국가의 의료보험에 가입해야 하며, 사회보장을 요구하지 않을 만큼의 재정적인 여유가 있어야 한다.

외국인

유럽으로의 이민이나 이주는 매우 오랜 역사를 지니고 있다. 유럽연합은 과도하게 밀려드는 이민을 제한하기 위한 대책방안을 마련하고 있는데, 지금까지 회원국들은 약 1,600만 명의 외국인을 받아들였다.

◆ 이민의 양상

1973년 이전에 유럽으로의 이민은 주로 프랑스와 독일처럼 산업화된 국가의 부족한 인력을 메우기 위해서였다. 과거에는 외국인 노동자가 일시적인 체류를 목적으로 들어왔지만, 오늘날에는 자신의 가족을 불러들여 눌러앉는 경향이 두드러지고 있다. 남유럽 국가에서의 불법이민은 젊은층과 여성이 대부분을 차지하고 있다. 정치적인 망명을 이유로 거주가 허용된 외국인은 주로 아프리카와 아시아 출신이다.

◆ 유럽연합 4개국 내의 외국인 출신국별 인구

출신국	벨기에 (1993년)	네덜란드 (1992년)	프랑스 (1990년)	독 일 (1990-1993년)
스페인	49,000	17,000	216,000	130,000
그리스	19,000	-	6,000	320,000
이탈리아	217,000	17,000	252,000	550,000
포르투갈	20,000	-	649,000	80,000
터키	88,000	215,000	197,000	1,670,000
구 유고슬라비아	-	15,000	52,000	600,000
알제리	-	-	614,000	-
모로코	144,000	164,000	575,000	-
튀니지	-	-	206,000	-
기타 국가	372,000	305,000	1,177,000	1,850,000
합계	909,000	733,000	4,168,000	5,200,000
총인구에 대한 비율 (%)	9	4.8	7.3	8.3

룩셈부르크에는 다른 회원국에서 98,000명 (포르투갈인 42,700명, 이탈리아인 2만 명, 프랑스인 13,300명, 벨기에인 1만 명)이 들어왔다. 덴마크에는 회원국 출신이 26,600명 (영국인 1만 명, 독일인 8300명)에 지나지 않는다. 영국에는 754,000명에 이르는 회원국 출신 가운데 아일랜드인 (542,000명)이 상당수를 차지하고 있다.

◆ 남유럽의 새로운 상황

1960년대까지만 해도 이주자가 많았던 남유럽이 이제는 이민자가 몰려드는 지역으로 바뀌었다. 그것은 남유럽의 지하경제가 발전하면서 노동력이 필요해졌기 때문이다. 불안한 상황에서 일하고 있는 외국인이 이탈리아에는 100만 명, 스페인에는 약 50만 명으로 추산된다. 이들 가운데는 유럽연합의 회원국 출신도 적지 않은데, 스페인에서 불법으로 취업한 포르투갈인이나 이탈리아의 암시장에서 일하는 스페인인 등이 그러하다.

◆ 동화의 문제

이주한 국가에 따라, 이민자가 거주하는 지역에 따라, 또는 이민자의 출신국과 수에 따라 상황은 다르게 전개된다. 프랑스에 거주하는 포르투갈인들처럼 여러 세대에 걸쳐 정착한 유럽 출신의 외국인은 별다른 어려움 없이 동화된다. 하지만 경제위기나 인종차별주의와 맞물려 이민자의 수용을 거부하는 움직임이 점차 거세지고 있다. 독일에 거주하는 터키인, 프랑스에서의 마그레벵이 이러한 예에 속한다.

사회적 소외현상과의 투쟁

1970년대 이래로 유럽에서의 사회적 소외계층이 점차 증가하고 있다. 오늘날 공동체에 거주하는 극빈층의 수는 5천만 명을 넘는 것으로 추정된다.

◆ 극빈층에 대한 공동체적 정의

1984년에 유럽의 주무장관들은 빈곤을 다음과 같이 정의했다. "물질적, 문화적, 사회적 재원이 너무 빈약한 나머지 자신들이 속한 회원국 내에서 받아들일 수 있는 최소한의 삶의 질에서도 벗어나 있는 개인, 가정 및 집단은 빈곤층으로 간주된다."

◆ 유럽의 구조기금

지역개발유럽기금과 유럽사회기금은 빈곤지역의 젊은이와 장기 실업자들을 지원한다. 또한 여성들과 혜택을 누리지 못하는 계층, 즉 장애인이나 이민자, 망명자, 집시, 약물중독자, 죄수, 경범자, 극빈층 등을 위한 다양한 프로젝트를 추진하고 있다. 소외계층을 지원하기 위한 4차 프로그램 (1994-1999년)을 위해 1억2,100만 유로의 예산이 투입되었다.

◆ 식량지원 및 문맹지원

1989년부터 집행위원회는 유럽연합의 과잉 농산물을 무상으로 분배하고 있다. 이러한 활동 외에도 장기 실업자나 문맹층을 위한 다양한 대책이 유럽사회기금을 통해, 혹은 특별예산에 의해 지원되고 있다.

고용의 창출

유럽연합의 실업률은 1,300만 명에 이른다. 1999년에는 고용율이 활동인구의 62%였는데, 2000년에는 63.3%가 되었다. 유럽연합은 고용율을 2005년에 67%, 2010년에는 70%로 끌어올리기 위한 방안을 강구하고 있다.

◆ 유럽연합 회원국의 실업률

국가	실업률 (%)	국가	실업률 (%)
스페인	13	포르투갈	4.4
이탈리아	9.4	덴마크	4.3
핀란드	9	오스트리아	3.9
그리스	8.7	아일랜드	3.8
프랑스	8.5	룩셈부르크	2.5
독일	7.9	네덜란드	2.2
벨기에	6.8	유로 사용지역	8.3
영국	5.1	미국	4.9
스웨덴	4.7	일본	5

◆ 고용을 위한 공동전략

유럽연합은 해마다 고용에 관한 국가적인 행동지침을 제출하기로 했다.

- 일자리를 잃은 지 6개월 (보통 성년의 경우는 12개월) 내에 청
  소년에게 직업을 마련해주고, 양성교육이나 연수 등을 시행한다.
  20%의 실업자 (현재는 10%)가 직업알선의 혜택을 받게 될 것
  이다.
- 견습제도 등을 통해 학교에서 직장으로의 이동을 용이하게 한다.
- 중소기업의 부담을 경감시킴으로써 기업창출과 자영활동을 촉진
  한다.
- 생산성이 낮은 노동에 대한 조세의 부담을 줄인다.
- 비상업적 분야에서 수공업 서비스에 대한 부가가치세를 줄여나
  간다.
- 노동조직의 현대화를 통해 근로자의 적응능력을 고쳐시킨다. (예
  를 들어, 1년 단위의 노동기간, 작업의 유연성, 노동시간과 초과
  근무시간의 단축, 유연한 계약 등)
- 남녀간에 균등한 기회를 보장하는 정책을 강화한다.

◆ 유럽 사회기금의 지원

유럽 사회기금을 매체로 공동체는 회원국들에서 직업교육 활동과
안정적인 일자리로의 채용 지원 등을 위한 재정 출자에 참여하고 있
다. 이들 지원의 주요 수혜자들은 장기 실업자, 특별한 학위 없는
젊은이, 여성, 노동 시장에서 퇴출 위험을 받는 사람들과 장애인과
가정이 없는 사람 등의 소외 계층이다.

◆ 유레스망을 이용한 취업

유레스는 직업에 관한 유럽 차원의 정보망이다. 이 네트워크는 유럽 15개국에 분산되어 있는 450개의 유럽자문기관과 연결되어 있다. 유럽자문기관은 전자 시스템을 이용해 일자리의 채용자와 지원자를 위한 데이터베이스를 구축한다. 유레스는 자문, 투자와 채용지원, 회원국의 삶과 노동조건 (주거, 세금, 노동계약 등)에 관한 정보를 제공한다.

1999년과 2000년 사이에 실업자 수가 150만 명 감소했다. 새로 창출된 일자리는 여성 근로자가 160만 명이나 차지했다. 1995년부터 2000년 사이에 늘어난 일자리 가운데 60%가 첨단산업과 관련되어 있다. 그런데 16.3%에 이르는 청소년 실업률이 사회문제로 대두되고 있다.

이민 근로자

한 회원국에서 보험에 가입한 근로자는 다른 회원국을 방문하는 경우에 사회보험의 혜택을 받는다.

◆ 사회보장

보험에 가입한 국가가 아닌, 다른 회원국에 거주하는 근로자와 가족은 의료·출산 보험 (의료, 치과진료, 약품, 입원) 등의 혜택을 거주지의 의료보험 창구를 통해 보장받을 수 있다. 국경지역의 근로자는 자신이 거주하는 국가와 일하고 있는 국가 가운데 택일해 의료 서비스를 받을 수 있다. 일시적인 체류의 경우에 피보험자는 방문국의 사회수당을 받기 위해 E111 서류를 소지해야 한다. 서류가 없을 경우에는 본국에서 환불을 받아야 한다. 현금수당이나 환급은 근로자가 보험에 가입해 있는 회원국의 법규에 따라 의료보험 창구에서 직접 지불된다.

공동체 내의 모든 근로자에게 신체장애, 노령, 노동사고, 직업병, 실업, 사망 등의 경우에 사회보장 혜택이 주어진다.

◆ 적용대상

- 봉급 생활자, 자영 근로자, 회원국의 국적을 가진 정년 퇴직자
- 근로자의 가족 구성원
- 퇴직 근로자의 유가족

◆ 가족수당

- 독일과 그리스, 스페인, 이탈리아, 포르투갈에서 가족수당은 일반적으로 근로자에게 지급된다.
- 덴마크, 아일랜드, 룩셈부르크, 영국에서는 아이들의 어머니에게 지불된다.
- 벨기에, 프랑스, 네덜란드에서는 부모가 자신들 가운데서 지불대상을 선택한다.

자식을 독일에 남겨 둔 채 스트라스부르에서 일하는 독일인 의사는 프랑스의 가족수당을 받을 수 있다.

비공동체의 근로자들

비유럽인 근로자에 대한 정책은 조정국면에 놓여 있다. 제3국에서 온 근로자의 지위는 접견국의 국가법률에 따른다.

◆ 제3국 국민의 입국과 체류

제3국에서 온 근로자의 입국 및 체류에 관한 조항은 공동체 차원에서 아직 명확하게 규정되어 있지 않다. 특정한 회원국에서 정기적으로 머물고 있는 제3국의 근로자는 비자를 얻은 뒤에 다른 회원국으로 갈 수 있다. 하지만 어떠한 경우에도 자신이 거주하는 국가 이외의 회원국에 정착하거나 일할 수 없다. 그러기 위해서는 따로 체류증과 노동허가증을 받아야 한다. 최근에 유럽재판소는 벨기에 기업에서 정규직으로 일하고 있는 모로코 출신의 근로자가 프랑스 당국이 발급하는 노동허가증 없이도 비자만 있으면 한 달 동안 프랑스에서 일할 수 있다고 판결했다.

비자 정책의 조정 덕분에 유럽연합에 거주하는 비유럽인들은 공동체 내에서 자유롭게 통행할 수 있다. 그렇다고 해서 원하는 다른 회원국에서 영구히 거주할 수 있는 권리를 갖는 것은 아니다.

◆ 근로자의 정치참여

이민자의 정치참여는 여전히 논란의 대상이다. 벨기에와 프랑스, 독일, 이탈리아는 투표와 피선거권을 자국민에게 한정시키고 있다. 이들 국가에 체류하고 있는 외국인의 수는 상대적으로 많은 편이다. 자신의 영토에 일정한 기간 동안 거주한 이민자에게 지역선거에서 투표권과 피선거권을 부여하는 국가들도 있다. 네덜란드와 덴마크, 아일랜드와 영국이 이러한 경우에 속한다.

권리의 평등

공동체에서 일하는 근로자들과 가족은 거주국의 국민과 동등한 권리를 갖는다. 어떠한 영역에서도 어떠한 종류의 차별도 존재해서는 안 된다.

◆ 주 거

- 주택의 소유주가 될 권리와 이를 위해 집을 빌릴 수 있는 권리
- 집에 세들어 살 수 있는 권리

◆ 사회적인 혜택

- 거주국에서 사회보험에 가입할 수 있는 권리

- 가족수당의 혜택을 받을 수 있는 권리
- 최소수입을 보장받을 수 있는 권리
- 주거를 위한 재정적인 지원을 받을 수 있는 권리
- 식구가 많은 세대에게 주어지는 지원을 요구할 수 있는 권리
- 다가족 세대를 위한 대중교통 할인을 받을 수 있는 권리

◆ 노동과 채용조건

- 채용과 해고에 있어서의 동일한 조건
- 거주국의 국민과 동일한 기준의 근속연수에 대한 권리
- 재취업과 복직에 대한 동일한 법적 보호
- 직업을 소개해주는 에이전시에 등록할 수 있는 권리
- 거주국의 근로자와 동일한 지위

◆ 교육과 양성

- 직업교육과 재교육을 받을 수 있는 권리
- 기업에서 제공하는 양성교육을 받을 수 있는 권리
- 직업인을 양성하는 프로그램을 받을 수 있는 권리
- 고등교육을 받을 수 있는 권리
- 대학교육을 받을 수 있는 권리
- 거주국의 언어와 자국의 언어 내지 문화를 무상으로 배울 수 있는 권리
- 학교나 대학, 언어와 문화를 가르치는 교육센터에 등록할 수 있는 권리

◆ 조합 참여권

- 조합에 가입하고 자신의 권리를 행사할 수 있는 권리
- 조합에서 투표에 참여하고 책임을 행사할 수 있는 권리
- 기업 내에서 근로자를 대표하는 지도부에 선출될 수 있는 권리

◆ 월 급

월급에 관한 사항은 공동체의 규정에서 제외되었다. 따라서 회원국이 근로자에게 지급되는 최소한의 월급을 반드시 규정할 필요는 없다. 프랑스나 스페인, 네덜란드, 룩셈부르크는 '업종간 일률 슬라이드 최저임금'이 정해져 있다. 독일과 이탈리아, 그리스, 덴마크는 최저임금이 정해져 있지만, 영국과 아일랜드는 그렇지 않다. 최저임금제를 일반화시키거나 모든 회원국에 일률적인 최저임금을 적용할 수는 없는 실정이다.

남녀평등

공동체 구성원 가운데 여성은 1억6,800만 명에 이른다. 이들 가운데 5,200만 명이 취업인구에 속해 있다. 성별에 있어서의 기회균등은 매우 중요한 화두이다.

◆ 균등한 노동, 평등한 임금

로마 조약의 119조는 동일한 업무에 종사하는 남녀에게 평등한 보수원칙을 적용할 것을 규정하고 있다.

1977년, 항공사에서 근무하는 여승무원이 제기한 소송에서 유럽재판소는 항공사로 하여금 성별에 관계 없이 동등한 보수를 지불하라고 판결했다.

이러한 판결에 따라 여성의 권리를 존중하기 위한 일련의 강령이 채택되었다.

- 성차별에 기인한 해고의 금지
- 일자리, 연수, 직업교육 등에서의 동등한 처우
- 사회보장의 법적 체제에서의 동등한 처우 (질병, 불구, 노령, 노동사고, 직업병, 실업, 가족수당)
- 사회보장의 직업적 체제에서의 동등한 처우 (집단협약이나 기업체제에서의 평등)
- 농업에서처럼 자영활동을 하는 여성에 대한 동등한 처우

◆ 여성의 고용을 위한 Now 프로그램

집행위원회는 유럽 구조기금의 테두리 안에서 여성의 직업연수와 고용장려를 위한 Now 프로그램을 실행하고 있다. 그것은 여성의 고용을 장려하기 위한 범국가적인 프로젝트로서 여성에 의한 중소기업이나 협동조합의 창립, 방향설정과 자문, 탁아시설 등이 포함되어 있다.

◆ 임신한 여성의 보호

1994년 가을부터 임신한 여성 근로자는 임신기간 동안, 그리고 그 이후에도 사회보장 혜택을 받는다.

- 필요한 경우에는 노동시간에도 의료진단을 받는다.
- 임신 때문에 해고되지 않는다.
- 근속연수나 진급, 휴가 등의 권리가 훼손되지 않은 채 14주의 출산휴가를 얻는다.
- 임신한 여성이나 보육하는 여성이 유해한 환경과 물질에 노출되지 않도록 한다.
- 실제로 위험하거나 힘든 경우에는 자리를 옮기거나 휴식을 취할 수 있다.

기업에서의 근로자의 권리

◆ 집단해고

유럽강령은 집단적으로 해고된 근로자들을 위한 단일적인 최소한의 권리를 규정하고 있다. 다음과 같은 경우에는 집단해고로 간주된다.

- 직원의 수가 100명인 기업에서 10명 이상이 해고되는 경우
- 기업의 규모와 상관 없이 지난 90일 동안 20명 이상이 해고된 경우

유럽강령이 다음의 경우에는 적용되지 않는다.

- 공공부문에서의 집단해고
- 해양선박 부문에서의 집단해고
- 기업을 폐쇄하기로 한 재판부의 결정에 따른 해고

◆ 유럽의 사회헌장

1989년에 스트라스부르에서는 영국을 제외한 유럽연합 회원국의 정상들이 사회적인 기본권을 촉구하는 헌장을 채택했다.
여기에 명시된 주요 권리는 다음과 같다.

- 삶과 노동조건의 개선 (노동 시간과 시간조정, 1주일간의 휴식, 유급휴가, 노동계약)
- 근로자의 자유통행권
- 적절한 급료
- 사회보장을 받을 권리
- 적정한 연금을 받을 권리
- 단체를 결성할 권리, 단체협상의 권리
- 직업양성의 권리
- 남녀의 평등권
- 근로자를 위한 정보를 받을 권리,
- 협의권과 참여권

노동의 위생과 안전

1987년에 단일법령이 채택된 이래로 노동의 위생과 안전을 위한 최소한의 규범이 정해졌다.

◆ 작업장에 대한 위생과 안전규범 (1991년 1월 1일부터)

유럽연합의 모든 작업장은 건물의 안전성과 견고성, 전기설비, 비상구, 화재경보 및 방화시설, 통풍, 온도, 조명, 천장, 바닥, 벽과 지붕, 통행로와 위험지역, 계단과 자동보도, 적하물 슬로프, 위생설비, 장애자 시설 등에 있어 최소한의 안전규정을 준수해야 한다. 현재 운영되고 있는 작업장의 고용주는 최소한의 규정에 적응하기 위해 5년의 유예기간을 갖는다.

◆ 고용주의 의무 (1993년 1월 1일부터)

유럽강령은 근로자를 보호하기 위해 고용주의 의무를 정하고 있다 (응급처치, 화재단속, 근로자의 대피 등) 고용주는 기업에서 근로자의 위생과 안전에 책임을 진다. 즉, 직업상의 위험에 대한 예방과 정보전달, 교육에 필요한 대책을 취해야 한다.

유럽의 소비자

◆ 소비자의 건강과 안전

제조자나 판매상은 안전한 제품만을 유통시켜야 한다. 회원국은 제품의 안전을 보장해야 하며, 문제가 있을 경우에는 즉시 유럽연합의 담당부서에 통보해야 한다. 유럽연합은 문제가 된 제품의 수거 및 폐기를 명할 수 있다.

소비자의 건강과 안전을 보장하기 위해 여러 강령이 채택되었다.

- 첨가제: 유럽에서 첨가가 허용된 물질에 대한 목록과 순도기준이 명시되어 있다. 식료품 제조에 사용되는 첨가제 (색소, 방부제 등)에 대해서도 마찬가지로 목록이 작성된다.
- 살충제: 유럽강령은 과일이나 야채, 곡식 등에 남아 있는 살충제의 최대 잔류치를 규정하고 있다.
- 제조규칙: 꿀, 과일쥬스, 저장우유, 코코아 제품, 커피류, 생수, 잼, 냉동식품 등에 대해 제조규칙이 제정되었다.
- 상표부착: 식료품의 상표부착과 외관에 대한 규칙이 정해졌다. 상표에는 식품의 구성과 유효기간 및 사용된 첨가제 등이 명시되어야 한다.
- 호르몬: 1988년 1월 1일부터는 가축에 호르몬을 주입하는 것이 금지되었다.
- 비식료품: 유럽강령은 화장품의 구성, 포장 및 상표부착에 대해 규정하고 있다. 의약품류에 대해서는 여러 법령이 채택되었다.
- 장난감: 1990년부터 공동체 법령에 명시된 안전규정에 따라 제

조된 장난감에 대해서는 "CE" 마크를 부착할 수 있게 되었다.

◆ 위험한 제품의 제거

건강에 해로운 제품을 적발한 회원국은 신속하게 집행위원회와 다른 회원국에게 이러한 사실을 통지해야 한다. 유럽 시민의 안전을 위한 비상 네트워크는 포도주나 어패류의 오염문제, 재생기름의 유통, 또는 인화성 가스 스프레이의 위험성을 널리 알린다.

◆ 소비자의 의지수단

유럽강령은 제품 및 서비스 공급자의 비양심적인 관행으로부터 소비자를 보호하기 위해 계약서의 부당한 조항이나 신용조건, 공격적인 판매방식, 결함이 있는 제품, 보증, 광고, 사후 서비스 등에 관한 규정을 명기하고 있다.

제품의 판매인은 소비자가 7일 이내에 계약을 파기할 수 있는 권리가 있다는 사실을 서면으로 통지해야 한다. 패키지 여행상품에서 여행 목적지나 체류조건 등에 관한 약속이 이행되지 않을 경우에도 보호받을 수 있다. 또한 계약이 취소될 경우에 발생하는 보험문제, 계약사항이 변경될 때의 손해배상, 정기노선이 예정대로 취항하지 못할 경우의 배상문제 등에 관한 사항을 계약서에 명시해야 한다.

소비자는 제조자의 과실과 상관 없이 구매한 제품에 결함이 있을 경우에는 제조자로부터 변상받을 권리가 있다. 피해자는 손해사실과 제품의 결함, 그리고 손해상황과 제품결함간의 인과관계를 증명하기만 하면 된다.

◆ **소비자의 권리에 대한 유럽헌장**

공동체는 소비자 정책에 있어 다섯 가지의 기본권을 규정하고 있다.

- 건강과 안전을 보호받을 수 있는 권리
- 소비자의 경제적 권익을 보호받을 수 있는 권리
- 손실을 배상받을 수 있는 권리
- 최선의 선택을 위해 정확한 정보를 얻을 수 있는 권리
- 대리인을 선임하거나 자문을 받을 수 있는 권리

유럽에서의 규범과 안전

유럽연합은 납이나 석면, 암을 유발하는 물질, 벤젠, 카드뮴 등의 화학물질, 또는 소음이나 진동, 과도한 스트레스로부터 근로자를 보호하기 위한 대책을 마련했다. 조만간에 직업병에 관한 목록이 갖추어질 것이다.

◆ **장비의 안전**

공동체는 작업장에서 사용되는 장비와 물품에 대한 기술적인 규격

을 조정했다.

- 기계와 압축기, 기중기, 건축장비의 안전
- 제재의 내화성
- 개인의 보호장비
- 어선에서의 안전
- 위험물의 분류와 표식

◆ 작업장에서의 사고

해마다 작업장 사고로 인해 매년 260억 유로의 보상금이 지불되고 있다. 건물분야는 산업체에서 발생하는 전체 사고의 15%를 차지한다. 농업분야에서는 연간 3,600건의 사망사고가 발생하고 있다. 어업분야에는 연간 30만 명이 고용되고, 이들 가운데 540여 명이 사고를 당한다.

◆ 작업장의 안전을 위한 유럽 에이전시

노동의 위생과 안전을 위한 유럽 에이전시는 1995년 말부터 가동되기 시작했다. 스페인의 빌바오에 위치한 이 기관은 무엇보다 기업에서의 사고를 미연에 예방하기 위해 작업장의 안전에 대한 기술적, 과학적, 경제적 정보를 수집, 교류, 배포한다. 또한 회원국간의 협력을 도모하며, 국가간의 프로젝트를 서로 연결하는 정보망을 조정하기도 한다.

◆ 노동에서 유소년의 보호

1996년 6월부터는 문화, 체육, 광고활동이나 기업연수를 제외하고는 15세 미만의 어린이와 학교교육을 받는 연령층의 노동을 금지하도록 되어 있다. 영국외의 모든 회원국은 18세 이하 청소년의 노동을 제한시켜야 한다. 야간노동의 경우에 어린이는 오후 8시에서 오전 6시 사이의 노동이 금지되고, 청소년은 오후 11시부터 오전 7시까지의 작업이 금지된다. 학기 동안의 노동시간은 하루 2시간, 1주일에 12시간을 초과할 수 없다.

자유직

유럽연합은 법적으로 정해진 자유직에 있어 학위를 상호 인정하도록 권고하고, 직무을 수행하는 데 필요한 최소한의 지식수준과 근로조건을 규정하고 있다.

◆ 의료분야의 직업

- 의사는 1976년 이후에 인정된 학위로서 최소한 8년간의 고등교육 (일반의)과 3-5년의 추가교육 (전문의)을 받아야 한다.
- 간호사는 1979년부터 인정된 학위로서 초등교육에서 중등교육까지 적어도 10년, 직업교육 3년을 받아야 한다. 이 가운데 절반은 병원연수, 1/3은 이론교육이 행해져야 한다.

- 치과의는 1979년부터 인정된 학위로서 최소한 5년에 걸쳐 이론 교육을 받아야 한다.
- 산파는 1983년부터 인정된 학위로서 대입자격을 취득한 뒤로 3년간의 교육연수를 받아야 한다. 대입자격이 없을 경우에는 3년의 교육연수와 2년의 병원연수를 거쳐야 한다. 간호사 자격이 있는 경우에는 18개월의 교육연수와 1년간의 병원연수가 필요하다.
- 약사는 1987년부터 인정된 학위 (그리스는 1993년부터)로 최소한 4년의 고등교육과 6개월의 약국연수를 받아야 한다.
- 수의사는 1980년부터 인정된 학위로서 최소한 5년간의 고등교육을 받아야 한다.

유럽의 균등한 분배

◆ 지역격차와 생활수준

로마 조약의 목표 가운데 하나는 지역과 인간의 격차를 줄이는 것이다. 회원국이나 개인간의 부는 불평등하게 분배되어 있으며, 삶의 수준도 커다란 차이를 보인다. 물론 유럽연합의 회원국이 세계에서 가장 부유한 국가에 속한다는 사실을 부정할 수는 없다. 평균적으로 덴마크인은 그리스인보다 4배나 더 부유하다.

◆ 불평등하게 개발된 지역

북서 유럽이 부유한 첫번째 이유로는 첨단산업의 발전과 수송망의 발달, 그리고 수도권의 인구집중을 꼽을 수 있다. 반면에 아일랜드나 포르투갈, 스페인, 이탈리아의 일부지역은 매우 열악한 환경에 처해 있다. 이들 국가는 농업인구 (전체 취업인구의 13%이상)가 너무 많고, 생산성이 낮으며, 에너지 자원이 적고, 산업유치가 힘들다. 이들을 돕기 위해 1975년에 지역개발 유럽기금이 만들어졌다. 이 기금은 지방자치단체와 연계해 지역개발에 필요한 재정을 지원한다. 특히 수송이나 에너지, 전화통신, 관광설비, 직업인 양성, 자연보호 등에 쓰여지고 있다. 지역개발 유럽기금은 또한 영국의 탄광촌, 파드칼레의 북부지역, 루르 지방 등 위기에 처한 산업지역을 지원하기도 한다.

◆ 다양한 삶의 수준

유럽연합의 1인당 국내총생산이 1993년에는 18,055 달러로서 미국 (24,179달러)과 일본 (33,638달러)보다 훨씬 뒤쳐져 있다. 이탈리아와 아일랜드, 스페인, 핀란드, 포르투갈, 그리스가 평균을 밑도는 수준을 기록했다. 한 국가 내에서도 지방간의 격차가 매우 크다. 스페인에서는 카탈로니아의 1인당 국내총생산이 에스트레마두라의 두 배에 이른다.

가계지출은 부의 격차에 따라 다르게 나타난다. 예를 들어, 포르투갈에서는 수입의 34%가 식비로 지출되는 반면, 덴마크에서는 24%에 불과하다.

사회보장

1880년에 독일에서 최초로 국가 차원에서의 사회보장이 시행되었다.

◆ 보험의 혜택을 받는 인구

유럽연합에서는 두 가지 형태의 사회보장 시스템이 가동되고 있다.

- 하나는 영국이나 이탈리아, 스페인처럼 직업이나 보험비 납부에 대한 조회 없이 피보험자의 자격을 부여하는 것이다. 그것은 정부예산으로 지원되는 진정한 건강 서비스이기는 하지만, 입원을 위해 기다리는 시간이 길어져 시민들의 불만을 사기도 한다. 환자가 스스로 진료의사를 선택해야 하며, 국립 시스템과 병행해 민간의료도 행해진다.
- 다른 하나는 프랑스처럼 피보험자의 자격이 보험금의 납부와 사회적인 지위에 따라 정해지는 것이다. 전반적으로 모든 국민에게 보험체계가 적용되고 있지만, 1%의 프랑스인이 사회보험의 혜택에서 제외되어 있다. 네덜란드에서는 일정액 이상의 수입이 있는 경우에 보험 분납금을 낼 수 없기 때문에 네덜란드인들 가운데 3/1이 사회보험의 혜택을 받지 못하고 있다.

◆ 환자의 보호

국가보험과 협약을 맺은 병원에서는 입원과 진료가 무료이다. 독일이나 벨기에, 프랑스에서는 피보험자가 하루에 해당되는 일정액을 지불해야 한다. 벨기에나 프랑스처럼 환자가 진료비의 일부를 부담해야 하는 국가도 있다. 의약품의 경우에는 일부 국가에서만 **100%** 보상된다. (만성환자, 극빈자, 노인) 1980년부터 건강분야에 대한 가계지출이 증가하고 있는 추세이다.

◆ 기타 수당

가족에 대한 사회보장은 국가에 따라 다르다. 수당금은 영국처럼 자식의 수에 상관 없이 일정할 수도 있고, 프랑스처럼 몇번째 자식인가에 따라 달라질 수도 있으며, 이탈리아처럼 수입에 따라 다를 수도 있다. 액수는 프랑스나 벨기에의 경우처럼 물가에 연동되거나, 영국과 독일처럼 정부에 의해 결정될 수도 있다.

정년 이후에 혜택을 받는 연금이 덴마크와 영국에서는 동일하다. 직업과 납입금에 따라 연금이 달라지는 국가도 있다. 프랑스와 영국, 그리스, 덴마크에서는 추가연금이 필수적이다. 유럽연합의 모든 회원국이 당면해 있는 문제는 출생률이 줄고 수명이 길어지면서 연금지불을 위한 재정이 고갈되고 있다는 것이다.

◆ 사회수당과 건강지출

영국은 인구의 **10%**가 민간 의료보험에 의존하고 있다. 80만 명의 직원을 거느린 국가건강 서비스는 모든 국민에게 무상으로 의료혜택을 제공한다. 하지만 국립병원에서 진료를 받기 위해 18개월까지 기

다리는 경우가 흔해졌다. 8년 사이에 환자의 의약품 구입비는 12배
나 늘었다. 식당이나 세탁 등의 일부 서비스는 민영화되었으며, 국립
병원에 속한 대지나 건물이 민간에게 팔려나갔다.

◆ 국가별 사회보험 지출 (1991년)

국가	주민당연간(달러)	국내총생산에 대한비율(%)
독일	1,659	8.5
오스트리아	1,448	8.4
벨기에	1,377	7.9
덴마크	1,151	6.5
스페인	848	6.7
핀란드	1,426	8.9
프랑스	1,650	9.1
그리스	404	5.2
아일랜드	845	7.3
이탈리아	1,408	8.3
룩셈부르크	1,494	7.2
네덜란드	1,360	8.3
포르투갈	624	6.8
영국	1,043	6.6
스웨덴	1,443	8.6

유럽의 보건

국내총생산의 **7.25%**, 6백만의 일자리를 제공하는 유럽연합의 보건분야는 내부시장과 밀접한 관련을 맺고 있다.

◆ 의약품에 대한 공동체의 법령

1995년 1월 1일부터 유럽연합 내에서 상용화되는 모든 의약품은 판매허가제도를 따라야 한다. 이 제도는 런던에 위치한 의약품 평가 유럽 에이전시에 의해 움직인다. 새로 개발된 약품은 최초로 판매허가를 얻은 뒤 15년 동안 유럽연합에서 배타적인 방법으로 보호받는다.

◆ 연 구

2000년에서 2006년까지 생명의학과 보건분야, 즉 조제연구와 뇌에 관한 연구, 인간 게놈에 대한 분석, 생물의학 윤리, 생물의학 기술 및 공학, 보건 서비스 조직을 포함한 공중보건, 질병, 사회경제적인 영향을 미치는 중요한 보건문제에 20억 유로가 지원되었다.

◆ 공중보건에 대한 새로운 공동정책

공중보건을 위한 정책활동이 여러 분야에서 시작되었다.

분 야	목적 및 방편
암 1995-2000년 예산 5,900만 유로	- 암의 목록작성 - 유럽의 이익을 위한 전염병 연구 - 특정음식이나 담배 등이 야기할 수 있는 위험에 대한 대중홍보. 보건교육, 보건요원의 양성 - 체계적인 조기발견 및 진단 - 환자치료의 질에 대한 연구 - 임상, 기초연구, 연구결과의 임상실험, 그리고 임상실험에 대한 정보교환
약물중독 1995-2000년 예산 2,850만 유로	- 범국가적 조정활동에 의한 대중홍보의 개선 - 학교, 스포츠, 여가 등 특수환경에서의 취학학생을 위한 교육 - 기타 공공정책에 '약물중독 퇴치'를 위한 활동의 삽입 - 약물중독은 공공보건의 문제뿐 아니라, 법적인 문제도 야기할 수 있다. 경찰, 세관, 법률적인 차원에서 국가간의 공조가 필요하다. - 1993년 탄생한 유럽의 마약 및 약물중독관측소가 정보 수집과 분석자료를 유럽연합에 제공하고 있다.
보건관련 교육 및 연수 1995-2000년예산 3,000-3,500만 유로	- 보건홍보 - 학교나 작업장, 그리고 다른 장소에서 보건교육이 이루어진다. - 공공보건과 건강증진을 위한 직업적인 연수 - 공동과정을 설치하기 위해 연수기관간의 협조가 필요하다. - 혜택을 받지 못하는 집단을 위한 특별 예방활동이 이루어져야 한다. - 건강진흥을 위한 전략 및 구조설립

에이즈 및 MST 1995-2000년 예산 4,960만 유로	- 전염병에 관한 자료의 수집과 연결망의 유지 - 예방을 위한 특별활동 - 대중홍보 - 청소년층에게 경각심을 불어넣어야 한다. - 의료요원의 양성 - 환자의 사회적인 따돌림 현상을 해결해야 한다.
장애인	**Hélios** 프로그램은 장애인의 연수와 취업적응, 경제사회적인 분야에서 회원국간의 경험교류를 목적으로 한다. **Handynet**이란 데이터뱅크에 의해 이러한 경험이 축적된다.

유럽의 노동시장

노동시장에서는 여성의 취업인구와 시간제 고용이 증가하는 추세를 보인다.

◆ 취업인구와 고용 (1992년)

국 가	취업인구(백만)	활동인구비율	총고용수	여성비율
독일	38.9	49.1	36.5	41.7
오스트리아	3.6	46.8	3.2	42
벨기에	4	40.6	3.7	39.4
덴마크	2.8	55.8	2.6	46.3
스페인	15.1	39.2	12.4	32.9

국 가	취업인구(백만)	활동인구비율	총고용수	여성비율
핀란드	2.4	49.6	2.1	49
프랑스	24.5	44.2	22	43.3
그리스	3.9	40.2	3.6	34.8
아일랜드	1.3	38	-	-
이탈리아	23.2	40.8	21	35.1
룩셈부르크	0.1	44	0.1	37
네덜란드	6.9	47	6.5	39.4
포르투갈	4.6	48.2	4.5	44.1
영국	28.3	50	25.6	44.5
스웨덴	4.4	51.7	4.2	46

◆ 국가별 노동시간 (1989년)

	정년 남/녀	연간 유급휴가일수	주당 노동시간 (1991년)
독일	65/65	29	37.1
오스트리아	65/60	-	-
벨기에	60/60	25	35.7
덴마크	67/67	25	34.1
스페인	65/65	25	39.5
핀란드	63/63	-	-
프랑스	60/60	25	37.4
그리스	65/60	22	40
아일랜드	65/65	20	38.5
이탈리아	60/65	22.5	37.8
룩셈부르크	65/65	25	38.4
네덜란드	65/65	23.5	32.1
포르투갈	65/62	22	40.6
영국	65/60	23	37.1
스웨덴	67/67	-	-

◆ 실업현황

	취업인구중 실업자 비율 (1998년)	실업자중 여성의 비율 (1993-1994년)	취업자 가운데 25세 미만 (1993-1994년)
독일	11	53	13.2
오스트리아	4.5	-	-
벨기에	9	58.3	25.4
덴마크	4.8	51.1	20.6
스페인	19.5	48.4	33.7
핀란드	17.2 (1995)	-	-
프랑스	12	53	28
그리스	9.8 (1995)	59.9	4.4
아일랜드	9.4	38.5	33.9
이탈리아	12	56.1	48.
룩셈부르크	2.2	51.2	37.2
네덜란드	4.6	52.6	34.3
포르투갈	6.5	51.4	34.6
영국	6.5	33.1	30.6
스웨덴	8.3	-	-

◆ 가계별 수입 (달러)

	가구당 연간 평균소득	소득 가운데 월급의 비율 (%)
독일	43,418 (1993년)	81.9
오스트리아	-	-
벨기에	-	49.6
덴마크	29,613 (1988년)	48.2
스페인	25,800 (1992년)	48.5
핀란드	24,728 (1991년)	59.7
프랑스	37,729 (1990년)	51.7

	가구당 연간 평균소득	소득 가운데 월급의 비율 (%)
그리스	-	37.2
아일랜드	-	58.6
이탈리아	-	41.7
룩셈부르크	-	88.6
네덜란드	33,040 (1992년)	58.5
포르투갈	-	41.1
영국	25,490 (1992년)	61.9
스웨덴	18,400 (1990년)	60.3

◆ 여성과 남성의 월급 (남자가 100을 받을 경우에 여자
   의 월급)

이탈리아	덴마크	프랑스	독일	네덜란드	아일랜드	벨기에
80	76.2	73.2	67.9	65.4	62	49

여성은 비전문적인 직장과 시간제 노동에 집중되어 있다.

유럽의 조합

◆ 조합의 조직

북유럽 국가에서는 조합의 조직이 막강하며 독점적이다. 이와는
달리 남부 유럽에서는 조합원이 소수에 지나지 않을 뿐 아니라, 조

합 내에서도 분규가 자주 발생한다. 조합원의 수가 감소하고, 조합과 투쟁에 대한 관심도 점차 줄어들고 있다.

◆ **조합운동의 비율** (1991년)

나 라	비 율	나 라	비 율
핀란드	85(1988)	이탈리아	39.6
스웨덴	85	독일	33.8
덴마크	73.2	그리스	30
오스트리아	60(1988)	포르투갈	30
벨기에	53	네덜란드	25
아일랜드	52.4	스페인	16
룩셈부르크	49.7	프랑스	12
영국	41.5		

◆ **파업으로 인한 비노동 일수** (1000명당)

스페인	733	덴마크	220
그리스	612	포르투갈	123
이탈리아	465	프랑스	54
아일랜드	373	독일	45
영국	362	네덜란드	13

유럽의 군대

서유럽의 국가방위 체제는 냉전의 시작과 더불어 구축되었다. 1980년대 말부터 시작된 새로운 동서관계로 인해 방위체제의 개념과 조직이 새로워졌다. 유럽의 단일법령에 의해 유럽의 자율적인 방위를 위한 제도적인 토대가 마련되었다.

◆ 유럽연합과 방위

유럽공동체는 군수분야에서의 협력관계를 정립시키지는 못했다. 전투기와 탱크, 잠수함에 있어서는 유럽 공동의 모델이 만들어지지 않았다. 프랑스는 라팔을 제조하고, 독일과 영국, 스페인, 이탈리아는 유럽 전투 비행기 (EFA) 프로젝트를 추진하고 있다.

◆ 국방의 의무 (개월)

나라	개월	나라	개월
독일	12	아일랜드	-
오스트리아	8	이탈리아	12(a)18(b)
벨기에	-	룩셈부르크	-
덴마크	4-10	네덜란드	9(3)
스페인	9	포르투갈	4(a)8(b)
핀란드	-	영국	-
프랑스	10혹은 12, 16	스웨덴	7-8
그리스	21-25		

(a) 육군 복무, (b) 공군, 해군 복무

신앙이나 양심 때문에 병역을 기피하는 경우에 프랑스는 민간기관
에서 20개월, 독일은 15개월 동안 근무하면 된다. 1993년에 프랑스
에서는 7,600명, 1988년에 독일에서는 70,000명이 공익요원이었다.
유럽에서는 1996년부터 의무병 제도가 폐지되기 시작했다.

◆ 유럽의 대표적인 군수회사 (1988년, 단위: 100만 프랑)

회 사	국 가	총매출액
Thomson-CSF	프랑스	31,500
Daimler-MBB	독일	28,000
GEC	영국	19,900
DCN (Arsenaux)	프랑스	17,000
Aérospatial	프랑스	15,400
Dassault	프랑스	15,300
CEA	프랑스	8,000
Ferranti	영국	7,600
GIAT	프랑스	7,100
Matra	프랑스	6,400
SNECMA	프랑스	4,600
Plessy	영국	4,400
Deihl	독일	3,900

유럽의 범죄

실업에 뒤이어 범죄는 회원국의 주요 관심사가 되고 있다. 이를
해결하기 위해 유럽연합은 처벌과 예방을 기조로 한 정책을 정착시
켰다.

◆ 강력범죄

고의적 살인, 강도, 테러가 강력범죄에 속한다. 70년대에는 극단주의자들이 주도하는 테러가 독일과 이탈리아에서 빈번하게 발생했다. 영국과 스페인에서도 국가주의자들과 분리주의자들에 의해 테러가 일어나고 있다. 일반적으로 대도시와 수도권에 집중되어 있다. 쇠퇴한 산업지역에서는 실업률의 증가로 빈민층이 확산되고, 거주환경이 악화되면서 범죄가 늘어나고 있다.

북쪽에 위치한 회원국에서 강간의 신고가 훨씬 많이 접수되고 있다. 예를 들어, 덴마크의 범죄율이 포르투갈보다 5배나 높다.

◆ 다른 형태의 폭력

- 마약: 라틴 아메리카에서 들어오는 마약거래의 가교역할을 하는 스페인에서는 1988년에 3.5톤의 코카인이 압류되었다. 그것은 유럽연합의 다른 모든 회원국에서 압류된 양보다 많다.
- 자살: 남쪽보다 북쪽에 위치한 국가의 피해가 더 심각하다. 자살 미수로 인해 해마다 60만 내지 70만 명이 병원에 입원하며, 특히 15-24세의 젊은 층이 많다.
- 교통사고: 1992년에는 1,560,000명의 희생자 가운데 46,300명이 사망했다.

◆ 고의적 살인 (1993년) (10만 명당)

네덜란드	27
독일	9
덴마크	5
프랑스	5
이탈리아	5
영국	4
벨기에	3

◆ 인터폴에 의해 기록된 마약 압류 (1989년)

	헤로인 (kg)	코카인 (kg)	대마초 (t)
총계	7,225	40,909	255
유럽	2,907	2,391	92
프랑스	145	268	9.7

◆ 마약유통에 대한 국가별 최고구형 (1989년)

국가	구형	국가	구형	국가	구형
독일	4년	프랑스	20년	룩셈부르크	5년
벨기에	5년	그리스	20년	네덜란드	12년
덴마크	2년	아일랜드	무기	포르투갈	12년
스페인	6년	이탈리아	15년	영국	무기

유럽의 도시

유럽연합은 세계에서 도시의 수가 가장 많고, 도시에 인구가 가장 많이 몰려 있다. 10명 가운데 7명이 도시인이다. 도시는 정치경제의 중심지이자 교류와 만남의 장소, 문화적 공간으로서 서구문명의 상징이라고 할 수 있다.

◆ 전통적인 도시

성당이나 교회, 성, 시청 등이 도시의 중심을 이룬다. 도로는 바둑판 내지 방사선 모양이거나, 혹은 동심원을 그리는 형태로 되어 있다. 성곽 유적지에는 순환도로가 펼쳐져 있다.

◆ 다양한 도시망

국가에 따라 두 가지 형태의 도시망이 형성되어 있다. 하나는 파리, 런던, 브뤼셀처럼 대부분의 주요기관이 중앙에 집중되어 있는 중앙집중적인 도시망이고, 다른 하나는 독일이나 이탈리아처럼 여러 도시로 구성된 다극적 도시망이다. 어디서나 도시화 현상이 일어나고 있다.

◆ 가계지출에서 차지하는 주거비 비율 (1991년, %)

스웨덴	29	오스트리아	17.2
덴마크	27.7	벨기에	16.2
핀란드	20	이탈리아	15.4
프랑스	20	스페인	12.5
룩셈부르크	19.8	그리스	12.4
영국	18.6	아일랜드	10.3
네덜란드	18.3	포르투갈	4.9
독일	18.2		

◆ 주민수에 따른 주택의 수

국가	1000명당 주택수
아일랜드	271
포르투갈	286
유럽연합	307
그리스	348
네덜란드	354
이탈리아	368
룩셈부르크	386
영국	388
스페인	393
벨기에	400
독일	423
덴마크	427
프랑스	437

◆ **주택구입비 (1993년, 새 집인 경우 프랑/m2)**

도시	가격	도시	가격
로마 (1990년)	5,384	암스테르담	1,952
파리	4,671	아테네	1,734
빈	3,442	리스본 (1991년)	1,658
룩셈부르크	3,401	런던 (1998년)	1,547
헬싱키 (1991년)	3,235	스톡홀름	1,398
베를린	2,930	더블린	1,392
마드리드	2,832	브뤼셀	1,367

유럽의 종교

1983년에 실시된 여론조사에서는 공동체에 거주하는 대다수의 시민이 신을 믿는 것으로 나타났다. 전체 국민 가운데 신자는 아일랜드 95%, 스페인 87%, 이탈리아 84%, 벨기에 77%, 영국 76%, 독일 72%, 네덜란드 65%, 프랑스 62%, 덴마크 58% 순으로 나타났다. 그리스 정교회와 기독교, 카톨릭과 개신교 사이의 갈등은 여전히 존재하고 있다. 종교의 국경과 국가의 국경이 항상 일치하는 것은 아니다.

◆ **교회와 국가**

18세기의 계몽주의와 더불어 종교적인 관용주의도 널리 퍼져나갔다. 1905년부터 프랑스는 알사스-로렌 지역을 제외하고는 정치와 종교의 분리가 이루어졌다. 각료들 가운데는 카톨릭, 기독교, 유대교 신자들이 고루 포함되어 있다.

1979년부터 카톨릭은 스페인의 공식종교가 아니다. 포르투갈에서 는 1975년, 이탈리아에서는 1984년부터 이혼이 합법화되었다.

그리스 정부는 그리스 정교회와의 분리를 고려하고 있다. 영국은 영국 국교회, 스코틀랜드는 장로교회에 소속되어 있기 때문에 카톨 릭 신자는 왕위에 오를 수 없다. 덴마크와 스웨덴에서 군주는 루터 교도이어야 하며, 네덜란드에서는 신교도, 룩셈부르크에서는 카톨릭 교인이어야 한다.

아일랜드 카톨릭 신자들 가운데 91%는 신앙에 충실한 실천적 신 자이다. 하지만 스페인의 경우에는 46%로 감소했고, 이탈리아는 28%, 포르투갈은 3-8%에 불과하다. 반면에 사이비 종교는 점차 늘 어나고 있다.

유럽의 언어

◆ 공동의 뿌리

유럽연합에서 사용되는 언어는 바스크어와 핀란드어를 제외하고는 모두 인도-유럽어족에 속한다. 그리고 로만어, 게르만어, 그리스어, 켈트어, 슬라브어, 피노우그리아어의 6개 언어군으로 나뉘어진다. 그 리스, 프랑스, 이탈리아, 네덜란드, 포르투갈, 덴마크, 영국은 언어적 인 동질성을 지니고 있다.

벨기에에서는 3개의 공식언어가 쓰이고 있는데, 네덜란드어, 불어,

독일어의 사용인구가 각각 **57.5%, 42%, 0.5%**이다. 스페인의 공식어는 스페인어이지만, **24%**는 **catalan**, **3%**는 바스크어를 사용하고 있다. 아일랜드에서는 주민의 **1/3**이 게일어, 나머지는 영어를 사용한다. 독일의 남부지역에서는 계층에 상관 없이 모두 지방어를 쓰지만, 북부에서는 서민층만이 지방어를 사용한다. 룩셈부르크에서는 **3**개의 언어가 쓰이고 있는데, 룩셈부르크 언어인 **letzeburgech** 외에 공식어로 불어를 사용하고, 일상적으로는 독어를 사용한다.

◆ 외국어 습득

벨기에, 덴마크, 네덜란드, 포르투갈에서는 초등학교에서부터 외국어를 배운다. 스페인, 프랑스, 독일에서는 중학교에서 외국어를 시작한다. 이탈리아와 영국에서는 중3부터 시작하며, 아일랜드에서는 선택사항이다.

◆ 유럽공동체의 정책

유럽연합의 공식언어는 **11**개나 된다. 즉, 독어, 영어, 덴마크어, 스페인어, 프랑스어, 그리스어, 이탈리아어, 네덜란드어, 포르투갈어, 핀란드어, 스웨덴어가 그것이다. 유럽연합 내에서 개최되는 회의에서는 프랑스어가 사용된다. 공무원의 소통언어로 영어가 사용되기는 하지만, 특정언어가 유럽연합의 단일어가 될 수 있다는 것은 아니다. 집행위원회는 오히려 다양한 언어를 습득하기 위한 정책을 추진하고 있으며, 누구나 최소한 세 개의 언어를 구사할 수 있도록 권장하고 있다.

유럽의 음식

아직도 시골이나 지방에서는 전통적인 음식이 사랑을 받고 있다. 이러한 요리는 현지에서 재배되는 재료를 사용하는 경우가 많다. 예를 들어, 지중해 지역에서는 올리브유가 주로 사용된다. 이와 마찬가지로 보리와 호프가 많이 경작되는 지역에서는 맥주가 많이 소비된다.

◆ 식습관의 변화

- 도시로 집중되는 인구의 생활양식이 바뀌고 있다.
- 새로운 기술로 조리된 식품이나 급냉동 식품, 진공 포장된 식품이 호응을 얻고 있다.
- 미국식 패스트푸드점의 개업이 두드러진다. 맥도날드와 퀵 체인점이 유럽연합의 대도시뿐 아니라, 모스크바에서도 쉽게 찾아볼 수 있다. 햄버거, 닭튀김, 혼합 샐러드, 아이스크림 등의 메뉴가 일반화되고 있다.

◆ 유럽의 아침식사

- 영국: 차, 과일 쥬스, 씨리얼, 잼을 바른 토스트 빵, 버터, 계란, 베이콘

- 네덜란드: 커피, 햄이나 훈제 베이컨, 밀기울 섞인 빵, 과일 쥬스, 사과 시럽, 시리얼
- 독일: 커피, 과일 설탕 조림, 치즈, 차가운 고기, 호밀빵, 메밀빵, 버터
- 이탈리아: 엑스프레소나 카푸치노, 브리오슈
- 프랑스: 카페오레, 버터 바른 빵이나 크루아상
- 스페인: 카페오레, 츄러스 또는 오믈렛

◆ **대표적인 전통요리**

- 독일: 맥주에 조리한 슈쿠르트
- 오스트리아: 커틀릿
- 벨기에: 플라미슈 (파와 치즈 파이)
- 덴마크: 과일향이 밴 돼지안심
- 스페인: 파에야
- 프랑스: 크림소스의 닭요리
- 그리스: 포도잎으로 싼 다진 고기요리
- 아일랜드: 자두를 넣어 구은 닭요리
- 이탈리아: 나폴리식의 라자니아
- 룩셈부르크: 소스로 만든 가재요리
- 네덜란드: 감자와 배추 퓌레
- 포르투갈: 대구요리
- 영국: 쇠고기 젤리

◆ 맥주의 소비 (1992년)

국가	연간 1인당 소비량 (리터)
독일	144
덴마크	128
오스트리아	123
아일랜드	123
룩셈부르크	116
벨기에	111
영국	102
네덜란드	90
스페인	70
프랑스	41
이탈리아	24

6. 유럽의 경제적 환경

유럽의 농업

유럽연합의 농업은 생산량이나 수출에 있어 미국에 이어 세계 2위를 차지하고 있다 유럽연합은 농업의 현대화를 통해 효율과 생산성을 높이기는 했지만, 불리한 기후나 지리조건 등으로 인해 낙후되어 있는 농경지역이 적지 않다. 유럽연합은 공동농업정책 덕분에 곡물이나 유제품, 야채의 잉여 생산국이 되었다.

농업활동은 지역에 따라 커다란 편차를 보인다. 지리적으로 고립되거나 접근이 어려운 지역에서는 생산효율이 낮은 조방농업이나 조방 목축업이 행해진다. 아일랜드 서부, 포르투갈의 동부, 스페인 중부지역과 남부 이탈리아가 이러한 경우에 속한다. 이에 반해 양호한 토양과 기후조건을 지닌 지역은 중앙집권적이며 현대화된 방식에 따라 경작되고 있다. 런던 분지와 포 평야, 이탈리아와 네덜란드, 덴마크 동부지역 등이 그러하다.

◆ 공동농업정책

현재 공동농업정책은 유럽연합 예산의 **65%**를 차지하고 있다. 1962년부터 정착되기 시작한 공동농업정책은 다음의 세 가지 원칙에 따라 행해진다.

- 37,000만 명의 소비자를 위한 농산물의 자유로운 유통
- 경작자에게 소득을 보장해주는 재정적인 지원
- 회원국이 유럽연합 내에서 농산품을 조달하고 구입하는 공동체 우선주의

농업이 경쟁력을 갖추게 되면, 이내 생산력을 감소시켜야 한다. 예를 들어, 할당받은 양 이상의 유제품을 생산하는 목축업자에게는 무거운 벌금이 가해진다. 지중해 연안의 유제품 생산자들 사이에서는 치열한 경쟁이 벌어지기도 한다.

◆ 유럽 농민의 미래

소규모 경작자들은 대규모의 곡물 경작자나 우유공장에 비해 '녹색 유럽'의 혜택을 덜 받고 있다. 생산비의 급속한 증가로 1973년부터는 농업소득이 감소하기 시작했다. 농업소득은 지역에 따라 편차가 큰데, 벨기에 농민은 이탈리아 농민보다 평균적으로 3배 이상의 소득을 자랑한다. 농업생산의 현대화로 인해 경작자의 수는 반으로 줄었다.

농작물

유럽연합은 포도주 생산에서 **64%**, 사탕무우 생산에서 **38%**로 세계 1위, 보리 생산에서 **21,8%**로 세계 2위, 그리고 밀 생산에서 **14%**로 세계 3위를 차지하고 있다. 유럽농업의 현대화는 생산효율을 극대화시키는 데 이바지했다. 하지만 과잉생산으로 인해 농경지를 휴경지로 남길 수밖에 없는 상황에 처하게 되었다.

◆ 주요 농작물

산업화된 농업경작 (사탕무우, 유채, 호프)과 결합된 대규모 곡물농업 (밀, 보리, 옥수수)은 대평야와 대륙붕의 비옥한 토양 (파리 분지, 영국의 이스트 앵글리아), 최근에 개발된 지역 (지데르제의 매립지) 등에서 이루어진다. 무엇보다 대기업에 의해 기계화된 방식으로 시행되는 농업은 생산의 효율성을 증진시켰다.

프랑스 남서부 (곡물, 담배, 과수업, 포도)와 같은 다종류 농업지역이나 토스카나와 캄파뉴 언덕 (포도나무, 야채, 올리브 밭에 곡물을 혼합)과 같은 혼합 농업지역도 중요한 농작물 생산지역이다. 브르타뉴 지방, 바비에르, 영국 중부지역에서는 농작이 목축과 병행된다.

◆ 농작물의 다양성

곡물생산 가운데 밀이 선두를 차지하고 있는데, 경작면적은 1,670

만ha에 이른다. 보리의 경작지도 1,100만ha정도로 증가했다. 옥수수 재배는 400만ha를 차지하고 있다. 감자는 150만ha, 사탕무우는 200 만ha에서 경작된다. 460만ha에서 경작되는 과일과 야채의 경우에는 공동체 시장이 전반적으로 적자를 면치 못하고 있다. 포도밭은 400 만ha 정도가 된다.

포도나무와 포도주

1995년에 유럽연합은 전세계 포도주 생산의 63%를 차지했다. 포도밭은 총 경작지의 3.8%, 즉 400만ha에 이른다. 포도는 스페인, 이탈리아, 프랑스에서 가장 널리 재배된다. 이들 3개국이 유럽연합 총생산의 85%를 담당하고 있다. 스페인의 포도밭은 프랑스나 이탈리아에 비해 생산성이 떨어지는데, 그 이유는 스페인의 건조한 기후 때문이다. 따라서 포도나무 그루터기의 간격을 떼어 심어야 하고, 가지를 짧게 쳐야 한다. 대표적인 포도주 재배지역인 스페인 망슈 지방에서 특히 그러하다.

◆ 공동체 정책

1970년부터 유럽공동체는 포도주 시장에 밀, 육류, 우유 등 다른 농산물 분야에 도입된 규정을 적용하기 시작했다. 포도주는 크게 두 개의 카테고리로 분류한다. 하나는 VQPRD (지정된 지방에서 생산된 품질이 좋은 포도주)이고, 다른 하나는 뱅드타블르 (막포도주)이다. 프랑스에서는 여기에 **AOC** (양조지 등록)와 뱅드페이의 두 카테고리를 추가했다. 과잉생산으로 인한 어려움을 극복하기 위해 품질이 낮은 포도나무 종자를 뽑아버리고, 포도묘목의 경작권을 제한시키는 등의 농경정책을 시행하고 있다.

◆ 프랑스와 이탈리아의 경쟁

프랑스의 포도 재배업자들은 동일한 품질의 프랑스산 포도주보다 훨씬 가격이 저렴한 이탈리아산 포도주가 덜 엄격한 규제를 받고 있다는 사실을 받아들이려고 하지 않는다. 이탈리아에서는 포도주에 물을 타고 설탕을 첨가하는 작업이 관대하게 허용되기 때문에 다른 나라로의 수출이 훨씬 용이하다. 프랑스 남부의 포도 재배업자들은 프랑스 정부에 수입을 제한할 수 있는 대책을 강구하라는 압력을 가한다. 포르투갈과 스페인이 유럽연합에 가입하면서부터 포도주 시장의 어려움이 한층 더 심해졌다.

◆ 도표: 연간 1인당 포도주 소비 (단위: 리터)

국가	1950년	1970년	1992년
독일	7.8	18.3	22.8
프랑스	131	107	64.5
이탈리아	90	109	61.6

◆ 포도주의 자급자족 비율 (%)

국가	1980년	1984년	1988년	1992년
이탈리아	143	118	113	114
프랑스	114	107	107	93
그리스	110	110	113	139
독일	53	72	59	58

맥주의 소비지인 북유럽에서는 포도주 소비가 증가하고 있는 반면, 전통적으로 포도주가 널리 소비되던 유럽 남부에서는 오히려 줄어들고 있다.

목 축

유럽연합은 소 8,200만 마리 (이 가운데 젖소가 2,300만 마리), 양과 염소류가 10,100만 마리, 그리고 동일한 수의 돼지가 사육되고 있다. 목축업은 농가의 생산가치에서 51%를 차지한다. 유럽의 서북부 지역에서 특히 발달한 목축업 (예를 들어. 아일랜드에서는 농가수입의 87%가 목축업에 의존하고 있다)이 지중해 연안에서는 훨씬 뒤쳐져 있다. 그리스에서는 목축업이 농가수입의 30%밖에 되지 않는다.

◆ 주요 목축지역

목축업은 브르타뉴나 영국의 중앙지역처럼 여러 작물을 동시에 재배하는 지역에서 곡물재배와

결합되어 행해진다. 예를 들어, 노르망디나 영국의 서부지역에서는 집약적인 목축업 덕분에 높은 효율의 우유생산에 집중하는 반면, 스코틀랜드 고지대에서의 목축업은 고기를 생산하는 데 주력하고 있다.

알프스와 피레네 산맥 등지에서 계절에 따라 고산지대 목장으로 옮겨가며 이루어지던 전통적인 소 목축업이 쇠퇴기에 접어들었다. 양과 염소의 조방적 목축이 이제는 지중해 지역의 목장에서 행해지고 있다.

◆ 축산물

유럽연합은 고기생산에 있어 세계 2위이고, 우유는 12,300만 톤의 생산량으로 세계 1위이다. 복합사료의 사용, 품종의 선별, 인공수정 및 위생검열 덕분에 생산성이 크게 향상되었다.

◆ 도표: 고기생산 (단위: 천 톤, 1992년)

국가	소, 송아지	돼지고기	양, 염소
독일	2,182	3,910	50
오스트리아	236	400	6
벨기에/룩셈부르크	381	914	8

국가	소, 송아지	돼지고기	양, 염소
덴마크	213	1,265	2
스페인	509	1,877	224
핀란드	122	177	1
프랑스	1,860	1,918	185
그리스	81	153	128
아일랜드	553	181	89
이탈리아	1,180	1,332	85
네덜란드	623	1,591	16
포르투갈	129	245	30
영국	1,019	979	386
스웨덴	138	268	4

우유생산은 1984년부터 시행된 우유생산 쿼터제와 암소 도살 장려금을 제정할 때까지 괄목할 만한 성장을 거듭했다. 이러한 정책은 유제품의 과도한 증가를 제한하기 위해 취해진 것이다.

삼 림

9,400 ha의 면적을 차지하고 있는 유럽연합의 숲은 30%의 조림율에 해당한다. 유럽연합의 전체 농경면적의 60%에 이르는 조림율은 미국이나 러시아, 일본에는 미치지 못한다. 유럽연합의 대부분 국가에서는 소규모 사유림이 지배적인 반면, 그리스와 같은 나라에서는 대규모 국유림이 전체 산림면적의 절반을 차지하고 있다.

◆ 삼 림

유럽의 산림 및 숲의 부조화는 토지의 기복, 기후, 토양 등의 자연조건에 기인하기도 하지만, 숲의 개간이나 활용 때문이기도 하다. 핀란드, 프랑스, 스웨덴이 유럽연합의 숲 가운데 60%를 차지한다. 그것은 3국의 국토면적이 비교적 클 뿐 아니라, 또한 조림비율이 상대적으로 높기 때문이다. 옛 유럽공동체에서는 활엽수림이 산림면적의 58%로 우세했지만, 오스트리아와 핀란드, 스웨덴이 유럽연합에 가입하면서 침엽수림이 차지하는 비중이 훨씬 커졌다. 유럽의 통계자료에 따르면, 국유림은 17%, 국가 이외의 단체에 속한 산림은 22%이며, 사유림은 61%로 나타났다.

◆ 목재생산

유럽연합의 목재생산은 221,000,000m3에 이른다. 하지만 소비되는 목재의 50%밖에 공급하지 못하기 때문에 목재와 펄프를 수입해야만 했다. 그러다가 핀란드 (2,000만ha)와 스웨덴 (2,400만ha)이 유럽연합에 가입하면서 상황이 호전되었다.

◆ 산림보호 정책

1989년에서 1992년까지 진행되는 4개년 산림 프로그램이 유럽연합에 의해 채택되었다. 그것은 유럽연합의 목재 의존도를 줄이고, 산림과 환경보호의 중요성을 일깨우기 위해서였다. 75,000만 에큐가 산림개발과 동시에 산림보호에 투입되었다. 산성비와 같은 대기오염, 버섯이나 해충과 같은 기생동물, 산불 (해마다 유럽연합의 산림에서는 10,000여 건의 산불이 일어나 10만ha에 이르는 산림을 태우고 있다), 그리고 무절제한 방목이나 도시개발로 인해 유럽의 산림이 위협받고 있다.

녹색 유럽

1962년에 출범한 공동농업정책은 유럽의 공동정책 가운데 가장 역사가 길며 포괄적이다. 하지만 40여 년이 지난 오늘날에는 현대적인 농업생산과 곡물거래에 부합되지 않는 부분이 많기 때문에 총체적으로 개혁할 필요성이 대두되고 있다.

◆ 근본적인 목표

로마 조약의 39조에는 공동농업정책의 목표가 설정되어 있다.

- 농업의 생산성을 높인다
- 적정수준의 농업인구를 유지한다
- 시장과 공급을 안정시킨다
- 식료품의 적정가격을 유지한다

◆ 운영원칙

공동농업정책은 다음의 3대원칙을 천명하고 있다.

- 시장의 단일성: 공동체는 농산물 거래를 위한 단일시장을 형성
  한다. 다른 품목의 유통보다 농산물의 자유로운 유통이 우선적
  으로 이루어져야 한다.
- 공동체의 우선순위: 수급에 있어서의 우선권은 공동체에서 생산
  된 농산물에게 주어진다.
- 재정적인 연대감: 공동농업정책은 공동체의 예산에 의해 지원된
  다. 회원국의 농업에 대한 국가적인 지원은 금지되거나, 아니면
  공동체에 의해 감독되고 조정되어야 한다.

◆ 시장정책

농업시장은 공동시장기구를 통해 조직화되었다. 특정한 농산물의
유통에 문제가 생기면, 공동체는 해당 농산물을 적정가격으로 구입
한 뒤에 시장에 내어놓기까지 저장하고 보관한다. 이를 위해 '유럽
농업보증 및 방향설정기금'이라는 재원을 사용할 수 있다.

◆ 공동농업정책의 문제점

공동농업정책은 시장의 불균형을 바로잡기 위해 시작되었다. 하지
만 집약적인 농업생산은 환경에 치명적인 영향을 미치게 되었다. 돼

지의 대량사육으로 인한 지하수의 오염 등이 이러한 예에 속한다. 따라서 농업생산의 방향을 새롭게 설정하고 관리하기 위해서는 근본적인 개혁이 이루어져야 한다.

◆ 공동농업정책의 개혁

1992년 5월에 개혁안이 채택되고, 1995-96년부터 발효되기 시작했다. 새로운 농업정책은 시리얼, 기름류, 담배, 쇠고기, 양, 우유 등의 영역에 적용되었다. 이러한 개혁의 핵심은 공동체의 개입을 억제하고, 가격 보증제를 제한하며, 농경업자들에게 생산과 무관한 부분에 대해 보상하고, 환경보존에 도움이 되는 조방농업에 혜택을 주는 것이다.

◆ 곡 물

곡물의 보증가격이 1993-94년 회기와 95-96년 회기 사이에 35%나 하락했다. 이에 따라 지원 대상지역의 평균 생산성에 따른 보상 지원제가 시행되었다. 지원조건은 농경업자들이 토지의 일부를 휴무지로 남겨두는 것이다. 이러한 지원은 연간 92톤 이하의 곡물을 수확하는 소규모의 경작자들에게는 해당되지 않는다.

◆ 쇠고기

보증가격이 3년 사이에 15%가 하락했고, 쇠고기 유통의 보증물량이 1993년의 750,000톤에서 97년에는 350,000톤으로 감소했다.

쇠고기 사육에 대한 직접지원은 다음과 같다.

- 젖소에 대한 지원 (1992년에 사육되던 젖소에게만 적용된다)
- 수소에 대한 지원 (농가당 90마리에만 적용된다)
- 송아지 가공에 대한 지원

◆ **불균형의 해소**

낙후된 지역의 소규모 농작인들은 자신들의 생산활동에 의한 수입만으로는 생존이 어려워졌기 때문에 공동체의 재정적인 지원을 받을 수밖에 없다. 부유한 지역에서 대규모 경작에 종사하는 농업인들은 농작물의 가격하락에 대한 보상을 받기 위해 집약적이며 환경파괴적인 농경산업을 발전시켰다. 하지만 이제는 환경친화적인 생산방식이 불가피해졌다.

◆ **노동인구의 노화**

1970년부터 1992년에 이르기까지 12개 회원국의 노동인구는 1,640만 명에서 760만 명으로 줄어들었다. 오늘날에는 농업인구의 50%가 55세 이상이며, 이들 가운데 절반은 후계자가 없다. 1997년에는 구조화 기금의 명목으로 현대화와 생산방식, 가공, 상업화 등에 10억 유로가 넘는 재정지원이 이루어졌다. 주요 수혜국은 스페인,

포르투갈, 그리스, 프랑스, 이탈리아, 그리고 아일랜드이다.

◆ 사회구조적 대책방안

유럽연합의 모든 회원국에게 적용될 수 있는 수평적인 대책이 마련되었다.

- 경작의 현대화를 위한 지원: 생산조건, 노동조건, 위생과 안전, 에너지 효율과 절약 등의 개선과 생산품의 품질개선과 다변화에 우선권이 부여되었다.
- 가공기술과 시설의 현대화, 농산물의 상업화에 대한 지원
- 낙후된 농업지역과 산악지대 (유럽연합의 농업면적 가운데 **55%**가 산악지대 혹은 낙후지역으로 분류된다)에 대한 지원
- 젊은 농업인에 대한 지원: 맨 처음 경작을 시작하는 **40**세 이하의 젊은 농업인은 시설을 설치하거나 융자금에 대한 이자를 지불할 때에는 **10,000** 유로의 지원금을 받는다.

또한 구조화를 위한 기금, 지역개발을 위한 유럽기금과 유럽의 사회기금에 의해 지역특성에 맞는 정책이 시행되고 있다. 구조화를 위한 기금의 첫번째 목표가 낙후된 개발지역을 발전시키는 것이다. 이러한 목표 아래 바나나, 사탕수수, 럼 공정의 개발 프로그램이 해외의 프랑스 영토에서 지원되었다. 전원지역의 개발을 위해 **1994**년부터 **1999**년에 이르기까지 **62**억**9,600**만 유로가 다원화, 비농업분야 개발, 관광, 자연환경 보호, 인력분야에 중점적으로 지원되었다.

◆ 새로운 대안

공동농업정책의 개혁에 따른 대안으로 세 가지의 중요한 부속방안이 마련되었다.

- 농경인에게 1ha당 100-1,000유로에 이르는 보상지원과 더불어 여러 가지 농업환경 정책을 시행한다. 즉, 비료나 식물 병충해 방제약품의 사용을 억제하고, 경작지를 조방적 방목지대로 전환하며, 면적에 따른 방목가축의 수를 감소시키며, 자연지대를 보존함으로써 멸종위기에 처한 동물들을 보호하는 것이다. 또한 버려진 농지나 임야를 관리하고, 자연공원을 만들거나 수자원의 보호를 위해 농지를 20년 동안 경작하지 않고, 위락시설을 위한 토지의 사용을 금지하며, 환경친화적인 경작을 위해 농업인들을 교육하고 양성하는 것이다.
- 삼림자원의 개선과 이산화탄소의 배출을 억제하는 등의 환경보호 정책을 시행한다. 식목은 나무에 따라 1ha당 2,000-4,000유로, 관리는 나무에 따라 1ha당 250-500유로가 지원된다. 식목 후 2년이 지나면 1ha당 150-300유로가 지원된다.
- 55세 이상의 농업인이 자신의 토지를 비농업 용도나 토지 재통합을 위한 용도로 사용할 경우에는 최대한 10년 동안 매년 10,000유로까지 지원받을 수 있다.

어 업

유럽연합은 어업에 있어 중국, 일본 다음으로 세계 3위를 차지하고 있다. 1992년에는 세계 어획량의 7.5%에 해당하는 750만 톤의 어획량을 기록했다. 15만 명에 이르는 인구가 어업과 관련된 직업에 종사하고 있다. 하지만 근해자원의 고갈, 해양오염, 외국기업과의 경쟁 등 여러 문제로 인해 유럽의 어업은 위기에 처해 있다.

◆ 어업의 현황

1983년에 발족한 공동체 어업기구의 강령에 따라 모든 연안국은 연안 6마일 (11km) 해상에서 독점적 어업구역을 갖는다. 6-200마일 (370km) 해상에 대해서는 회원국의 어선이 자유롭게 드나들 수 있다. 해마다 어류별, 국가별 어획 쿼터가 정해진다. 1988년에는 수개년 조직 계획서가 채택됨에 따라 회원국들이 보유하고 있는 어선의 수가 급격히 감소했다. (스페인 16%, 네덜란드 12%, 프랑스 2.5%)

유럽연합은 전세계 생선 수출량의 22%를 담당하고 있지만, 수입량이 수출량의 다섯 배에 이른다. 1994년 4월에 말라케시에서 체결된 GATT 조약에 따라 어류의 수입관세가 낮아졌지만, 참치나 고등어, 청어에 대한 보호조치는 오히려 강화되었다.

◆ 연안어업과 원양어업

소규모 연안어업은 아일랜드와 브르타뉴 지방, 지중해 연안에서만 행해지고 있다. 북해나 지중해, 대서양 등지에서는 원양어업이 이루어진다.

◆ 어획량 (1992년) (단위: 천 톤)

덴마크	1,885
스페인	1,420
영국	873
프랑스	870
이탈리아	550
네덜란드	398
포르투갈	292
아일랜드	250

◆ 각 나라별 어선수 및 총톤수 (1991년)

국가	어선수	총톤수
독일	672	58,400
벨기에	172	20,700
덴마크	3,186	120,600
그리스	3,081	195,400
스페인	14,418	421,401
프랑스	13,955	214,301
이탈리아	26,730	284,631
네덜란드	1,059	150,892

푸른 유럽

80년대 초에 탄생한 공동어업정책은 지속적인 발전을 거듭했고, 스페인과 포르투갈의 영입과 더불어 진일보했다. 또한 스웨덴과 핀란드가 가입하면서부터 공동어업정책의 중요성이 한층 부각되었다.

◆ 유럽 15개 회원국의 공동 어업구역

각 회원국의 해상접근은 모든 회원국의 어부들에게 개방된다. 하지만 12마일 (약 22km) 이내의 수역에서는 '역사적 권리'를 가진 회원국들의 어부와 선박의 접근을 제한할 수 있다. 1995년 1월부터 공동체의 해상에서 작업하는 모든 선박, 그리고 제3국의 해상에서 활동하는 회원국의 선박은 어업 면허를 소지해야 한다.

◆ 어업기술의 현대화와 적응성

공동체 어업의 경쟁력은 두 가지 이유에서 강화되어야 한다. 즉, 치열한 국제경쟁에서 살아남고, 지역간의 조화로운 경제발전에 이바지하기 위해서이다. 어업지도를 위한 재정기구가 1993년에 출범해 선박과 항구의 현대화, 생선의 처리와 상업화, 어부들의 양성 등과 같은 활동에 재정지원을 하고 있다. 이를 위해 투입된 예산은 2006년까지 10억 유로를 넘어섰다.

◆ 수자원의 관리와 보존

바다자원의 보존과 관리 체제에 의해 한편으로는 선박의 감독통제 장치를, 다른 한편으로는 공동체의 어업면허 시스템을 창안했다. 대형 트롤이나 저인망 등의 어업행위는 어종의 보존을 위해 어획량을 줄여야 한다. 어린 물고기를 보호하기 위한 조처로 2001년에 다시금 어망의 밀도에 관한 규정을 강화했다. 2002년 1월 1일부터 지중해와 대서양에서의 어망 낚시는 완전히 금지되었다. 어망의 길이도 2.5km로 제한되었다.

◆ 국제협력

유럽연합은 어업과 관련된 국제협정을 체결하거나 협상하는 데 있어 회원국을 대신하는 독점적인 권한을 갖는다. 이를 위해 북서 대서양과 북동 대서양의 어장에 관한 협정과 더불어 해상자원을 관리하고 보호하는 국제적인 어업협정과 국제기구에 가입했다. 유럽연합은 한편으로 노르웨이와 페로 군도, 아일랜드, 발트해 연안국 등과, 다른 한편으로는 캐나다, 아르헨티나와 같은 국가들과 어업수역의 상호접근을 위한 쌍방협정을 맺었다.

에너지

유럽이 세계경제에서 큰 비중을 차지하게 된 것은 무엇보다 19세

기 산업혁명 당시의 풍부한 석탄자원 덕분이었다. 유럽 건설을 위해
서도 에너지 자원이 필수적이었다. 1951년에는 석탄철강 공동체가
결성되었다.

◆ 다양한 에너지 자원

공동체에서의 석탄산업이 급속도로 쇠퇴하기 시작했다. 1955년의
석탄 생산량은 470Mt으로 세계 총생산량의 30%를 차지하기도 했지
만, 1993년에 이르러서는 158Mt으로 고작 4%에 불과했다. 이제 유
럽에서는 석탄이 영국 (68Mt)과 독일 (64Mt)에서만 주요자원으로
남게 되었다. 아탄은 독일 (생산량 222Mt)과 그리스 (51Mt)에서 소
비 에너지의 1/3을 차지하고 있다. 이에 비해 석유와 가스의 생산은
미미한 편이다. 1993년에는 원유 124Mt과 천연가스 2,200억m3 생
산으로 세계 총생산량의 9%를 기록했다. 영국은 북해에서 석유가
생산되면서부터 한층 더 풍요롭게 되었다.

전력생산은 무엇보다 원자력 발전 (총 전력생산의 35%)에 힘입어
급속도로 증가했다. 유럽연합은 1993년에 22,150억KWh를 생산함으
로써 세계 총 전력생산의 18,5%를 차지하게 되었다.

◆ 에너지 소비

경제성장과 생활수준의 향상으로 유럽 회원국의 주민당 연간 에너
지 소비량이 증가하게 되었다. 1993년에는 세계평균이 1.4 TEP인데
반해, 유럽은 3.4 TEP을 기록했다. 하지만 유럽의 에너지 자급률은

52%에 불과했다.

◆ 나라별 에너지 생산 및 소비 현황

국 가	생산량 (M.tep)	소비량 (M.tep)	자급률	1인당 소비량 (tep)
독일	155	333	47	4.2
오스트리아	10	27	37	3.5
벨기에	11	51	22	5
덴마크	11	18	61	3.5
스페인	29	92	32	2.4
핀란드	11	28	39	5.6
프랑스	102	222	46	3.9
그리스	8	22	36	2.2
아일랜드	3	10	30	2.8
이탈리아	26	166	16	2.7
룩셈부르크	0	4	0	9.7
네덜란드	66	66	100	4.4
포르투갈	1	17	6	1.7
영국	210	214	98	3.7
스웨덴	31	20	155	5.5
총계 (1992년)	674	1,290	52	3.4

유럽의 에너지 정책

에너지 계획단계에서부터 연구와 환경보호를 거쳐 범유럽 망을 구축하기까지 오늘날 유럽의 에너지 정책은 포괄적이며 체계적으로 시행되고 있다.

◆ 2020년 유럽연합의 에너지 목표

만일 적절한 대책을 강구하지 않는다면, 유럽연합의 에너지 대외 의존도는 현재 50%에서 2020년에는 70%에 이를 것이다. 따라서 에너지 수요의 효율성을 극대화하고, 경쟁력을 높이며, 에너지 의존도를 줄이기 위한 방안을 강구해야 한다. 에너지 효율성을 개선하기 위한 다각적인 노력 덕분에 2010년에는 1995년의 에너지 소비에서 18%를 줄일 수 있을 것으로 예상하고 있다. 2010년에는 새로운 에너지가 차지하는 비율을 현재 6%에서 12%로 끌어올릴 것이다. 유럽연합 내에서 재생 에너지의 사용을 장려하기 위한 알테르너 프로그램은 1998년부터 2002년까지 7,700억 유로를 할당받았다.

◆ 2005년의 국경 없는 에너지 시장을 향하여

에너지 단일시장을 구현하기 위해서는 여러 단계를 거쳐야 한다. 우선 소비자에게 가격의 투명성을 보장할 수 있고, 가스와 전력의 자유로운 이동이 가능하도록 해야 한다. 1996년과 1998년에는 이를 위한 강령이 채택되었다. 유럽연합의 집행위원회는 2005년에 전력과 가스 시장을 전면 개방하는 대책을 마련했다.

제안된 개방일정은 다음과 같다.

- 2003년: 모든 기업은 전력 공급회사를 선택할 자유를 갖는다.
- 2004년: 모든 기업은 가스 공급회사를 선택할 자유를 갖는다.
- 2005년: 모든 소비자는 예외 없이 전력과 가스 공급회사를 자유 롭게 선택할 수 있다.

◆ 원자력 에너지

1957년에 체결된 원자력 에너지 조약은 원자력 에너지의 연구, 일 률적인 안전기준의 설정, 공동투자의 촉진과 원자력 에너지의 개발 등을 목표로 하고 있다. 하지만 1986년에 발생한 체르노빌 원전사고 는 원자력의 안전성에 대한 조항들을 재고하게 만들었다. 이에 따라 음식물에 함유된 방사능 기준이 정해졌고, 회원국간의 상호지원, 그 리고 위급한 방사능 유출사고의 경우에 취해야 할 보호조치 등이 정 해졌다.

◆ 유럽연합 내의 소비기대 증가비율 (1990/2005년)

(단위: 연간 %)

	1990/1995년	1995/2000년	2000/2005년
고체연료	- 1.1	0.2	0.0
석유	1.4	1	0.2
천연가스	3.8	3.9	2.5

(단위: 연간 %)

	1990/1995년	1995/2000년	2000/2005년
원자력	1	0.7	0.2
수력	5.4	0.6	0.3
지열	9.8	9.8	2.1
재생에너지	1.8	16.1	14.2
합계	1.3	1.5	0.8

◆ 공동체의 주요 에너지 지표들

(단위: 100만 톤 TEP)

	1986년	1989년	1992년	1993년
내부총생산	1,044	1,099	1,198	1,190
수입	480	552	617	596
생산	601	576	619	624

◆ 에너지 연구

에너지 분야는 공동체 차원에서 중요한 연구 프로그램을 이루고 있다, 1994-1998년에 1억8,000만 유로를 지원받은 프로그램의 연구 과제는 방사능 지역의 원격조정, 불필요한 발전소의 폐기, 폐기물 처리 등이었다. 2002-2006년의 프로그램에서는 핵융합로 개발에 7억 유로, 핵폐기물의 처리와 저장에 1억5,000만 유로가 투입된다. 1991년에는 세계 최초로 핵융합에 의해 2메가와트의 전력이 생산되었다. 비원자력 프로그램으로서는 1994-1998년에 9억6,700만 유로가 새로운 재생 에너지의 개발에 투입되었다.

효율적인 에너지 소비를 실천하는 사무실이나 통신장비에 '에너지 스타'라는 로고를 부착함으로써 2015년에는 연간 약 10TWh의 전력을 절약함과 동시에 5백만 톤의 CO_2 방출을 억제할 수 있을 것이다.

전통산업의 위기

예전에 제철업, 섬유업, 조선업 등은 산업화의 원동력이었다. 하지만 오늘날에는 이러한 산업이 쇠퇴해버렸고, 유럽의 탄광지대나 포르투갈의 일부 지역이 황폐해졌다.

◆ 제철업

유럽연합은 1993년에 144만 톤에 이르는 강철을 생산한 유럽연합은 세계 1위로 일본 (100만 톤), 중국(89만 톤), 미국 (87만 톤)보다 앞섰다. 하지만 이미 1974년 당시에 유럽공동체의 총생산량이 167만 톤으로 세계 총생산량의 24%나 차지했었다.

제철업의 위기는 플라스틱과 같은 신소재의 개발, 신흥 제조상의 등장, 제철업 관련시설의 노후현상과 무관하지 않다. 영국과 프랑스, 벨기에, 룩셈부르크 등이 가장 큰 타격을 입은 반면, 이탈리아와 스페인은 현상유지에 급급한 실정이다. 하지만 유럽연합에서 독일은 제철업 총생산의 26%를 차지하면서 주요 생산국의 입지를 지키고 있다.

◆ 섬유산업의 구조조정

유럽연합의 섬유산업은 전세계의 1/4을 차지하며, 250만 명의 근로자를 고용하고 있다. 하지만 값싼 노동력을 내세운 개발 도상국, 특히 대만이나 중국, 홍콩 등 동남아시아 국가와의 경쟁으로 인해 만성적인 어려움에 처해 있다. 섬유산업은 호전되고 있지만, 유럽연합의 의류분야는 적자를 면치 못하고 있다. 유럽연합에서 구매되는 의류의 50% 이상이 수입된 것이다.

유럽공동체는 1974년부터 27개 섬유 생산국과의 다섬유 협정을 통해 유럽으로의 수출을 제한하고, 유럽의 섬유산업을 보호하기 위해 노력하고 있다. 유럽연합의 회원국 가운데 이탈리아가 섬유 산업계의 선두주자이다.

◆ 조선업의 붕괴

1955년부터 1993년까지 유럽연합이 조선업에서 차지하는 비율은 78%에서 15%로 감소했다. 그것은 일본과 한국의 강력한 도전과 더불어 조선업의 세계적인 쇠퇴현상과 맞물려 있다. 1988년에는 유럽의 조선업을 회생시키기 위한 프로그램이 채택되기도 했다.

◆ 강철생산의 변화 (단위:100만톤)

유럽 9개국

국 가	1961년	1974년	국 가	1961년	1974년
독일	33.4	53.2	네덜란드	1.9	5.8
프랑스	17.6	27.0	영국	22.4	22.4
이탈리아	9.1	22.8	아일랜드	0.03	0.1
벨기에	7.0	16.2	덴마크	0.3	0.5
룩셈부르크	4.1	6.4	유럽 9개국	95.8	154.4

유럽 12개국

국 가	1974년	1987년	국 가	1974년	1987년
독일	53.2	36.2	아일랜드	0.1	0.2
프랑스	27.0	17.7	덴마크	0.5	0.6
이탈리아	22.8	22.9	그리스	0.2	1.0
벨기에	16.2	9.8	스페인	11.5	11.7
룩셈부르크	6.4	3.3	포르투갈	0.3	0.7
네덜란드	5.8	5.1	유럽12개국	166.4	126.4
영국	22.4	17.2			

유럽 15개국

국 가	1995년	국 가	1995년
독일	41.8	덴마크	0.6
프랑스	181	그리스	0.9
이탈리아	27.6	스페인	13.9
벨기에	11.5	포르투갈	0.8
룩셈부르크	2.6	오스트리아	5
네덜란드	6.4	핀란드	3.2
영국	17.7	스웨덴	4.6
아일랜드	0.3	유럽15개국	155

설비재와 화학산업

유럽연합은 자동차 제조와 화학산업에 있어 매우 중요한 위치를 차지하고 있다. 스웨덴, 핀란드, 오스트리아는 목재산업에서 두드러지고, 독일은 전반적인 산업분야에서 약진하고 있다.

◆ 설비재

제련업은 독일의 루르 지방과 슈투트가르트에서 시작되었다. 특히 독일은 공작기계 분야에서 세계적인 명성을 떨치고 있다. 프랑스와 영국, 이탈리아가 그 뒤를 잇고 있다.

유럽연합의 가전업계에서는 3백만 명이 일하고 있다. 냉장고, 세탁기, TV 등의 가전제품 생산에 있어 독일의 지멘스, AEG, 네덜란드의 필립스, 프랑스의 톰슨, 그리고 스웨덴의 Electrolux 등이 특히 유명하다.

◆ 화학산업

유럽연합의 화학업계에는 약 230만 명이 고용되어 있다. 화학산업의 전체 매상고는 미국과 일본을 앞지른다. 세계에서 가장 큰 12개 화학 산업체 가운데 6개가 유럽연합에 속해 있다. 또한 유럽연합은 화학제품을 전세계에서 가장 많이 수출하고 있다. 화학산업은 대기업에 의해 주도된다.

독일은 화학산업 분야에서 차지하는 비중이 매우 높다. 화학산업은 라인강 등의 하구지역, 벨기에와 네덜란드의 해양지역, 그리고 파리, 코펜하겐, 더블린, 아테네, 빈 등의 대도시를 중심으로 발달되어 있다.

회　사	국　가	매출액 (10억 프랑)	직원수
Hoechst	독일	158	172,000
BASF	독일	148	112,000
Bayer	독일	140	152,000
Imperial Chemical Industry	영국	90	87,000
Rhône-Poulenc	프랑스	81	82,000
Compagnie de Saint-Gobin	프랑스	72	96,000
Dow Deutschland	독일	62	55,000
Akzo	네덜란드	50	19,000

첨단산업

정보산업이나 생명공학 분야에서는 단순 노동력보다 고급 연구인력이 더 중요하다. 유럽연합에서는 에어버스와 같은 제조분야에서의 협력체계가 잘 움직이고 있다. 하지만 독일이나 프랑스, 영국, 이탈리아, 스웨덴처럼 산업화된 국가들과 그렇지 않은 국가들 사이의 불균형은 유럽연합이 해결해야 할 시급한 과제이다.

◆ 취약한 전자산업

유럽연합은 전자산업 분야에서 세계시장의 1/3을 차지하고 있지만, 생산에 있어서는 1/4에도 미치지 못한다. **Deutsche Telekom, British Telecommunications, France Telecom**과 같은 유수한 통신업체가 자리잡고 있음에도 불구하고, 유럽연합은 필요한 통신장비를 수입에 의존하고 있다.

컴퓨터 제조는 유럽연합의 산업분야에서 가장 취약하다. 1991년에는 **IBM**이 대형 컴퓨터 분야를 장악하면서 유럽 시장의 **42%**나 차지하게 되었다. 유일하게 지멘스만이 매상고에 있어 세계 10대 제조업체에 속할 정도이다.

◆ 우주항공 산업

반면에 우주항공 산업은 공동체의 수출에 크게 기여하고 있다. 대부분의 우주항공 산업체은 국영이다. 프랑스의 **Aerospatiale**과 **SNECMA**, 영국의 **British Aerospace** 등이 특히 유명하다. 가장 중요한 에어버스 컨소시엄에는 프랑스 (지분 **37.9%**), 독일 (**37.9%**), 영국 (**20%**), 스페인 (**4.2%**)은 물론, 네덜란드와 벨기에의 업체들에도 참여하고 있다. 1995년 7월까지 1,899대의 에어버스가 제작되어 인도되었고, 1,320대의 수주를 받았다. 유럽연합의 15개 회원국 가운데 12개국이 모여 유럽우주청을 결성했다.

◆ 군수산업

프랑스와 영국은 군수물자 분야에서 각각 세계 3위와 4위를 차지하고 있다. 프랑스의 대표적인 군수 산업체로는 **Thomson-CSF,**

Aerospatiale, Dassault, Matra를 꼽을 수 있다.

◆ 최근의 정책

유럽연합의 공동발전을 촉진시키기 위한 다양한 프로그램들이 세워졌다

- **ESPRIT**: 정보산업 분야, 소프트웨어, 정보처리, 첨단화된 마이크로 전자산업 등
- **RACE**: 케이블을 이용한 통신망 구축 (전화, 텔레비디오, 전자메일 등)
- **BRITE**: 신기술을 이용한 산업체의 생산력 개선 (레이저, 컴퓨터의 이용)
- **BAP**: 바이오테크놀로지, 농업 및 식품산업 분야에 적용
- **JET**: 영국의 핵융합 시험공장
- **EUREKA**: 기업과 연구소간의 협력 (200여개의 프로젝트가 진행되고 있다)

◆ 제4차 연구 프로그램 (1994-1998년)

(단위: 10억 에큐)

정보통신	3.4	환경	1
에너지	2.2	수송	0.2
산업기술	2	사회경제 연구	0.1
생명과학	1.5		

농산물 가공산업

유럽연합에는 농산물 가공산업이 잘 발달되어 있다. 이 분야에서는 유니레버와 같은 대기업뿐 아니라, 중소업체들도 활동하고 있다.

◆ 유럽연합의 주요분야

농산물 가공업계는 유럽 15개국에서 320만 명을 고용하고 있으며, 생산가치에 있어서도 1990년에 4,404억 에큐를 기록해 화학, 전기전자 제조업을 앞서고 있다. 또한 유럽연합의 대외수지에서 10%가 넘는 비중을 차지하고 있다.

1992년에 유럽연합은 34Mt이 넘는 밀가루로 생산했고, 세계의 총소비량 가운데 1/6의 버터와 1/3의 치즈를 생산했다. 또한 전세계에서 생산된 사탕무우의 1/3을 가공했다. 유럽 제1의 농업 생산국인 프랑스는 농산물 가공에 의한 가치창출에 있어서는 독일에 이어 2위를 차지하고 있다. 영국은 3위이다. 아일랜드에서는 농산물 가공이 제1의 국가산업이며, 덴마크에서는 2위, 포르투갈에서는 3위를 차지한다. 아일랜드, 덴마크, 그리스, 네덜란드에서는 농산물 가공이 총 수출액 가운데 20-30%를 차지한다.

◆ 다양성

영국-네덜란드 그룹인 유니레버는 국제적으로 유명한 대기업이다. 영국의 농산물 가공산업은 재정적인 지원에 힘입어 선두를 유지하고 있다. 유럽연합의 20대 농산물 가공업체 가운데 영국은 12개 업체가 속해 있다. 이탈리아의 페루치와 프랑스의 다농 그룹이 급속도로 성장하고 있다. 농산물 가공업계에서는 중소기업이 차지하는 비중이 적지 않다.

원료의 생산지가 공장부지를 결정하는 데 중요한 척도가 된다. 스페인 근동지역의 감귤류 통조림 제조공장, 포 평야와 프랑스 센느강 북쪽의 설탕 제조공장, 연안지역의 해산물 통조림 공장 등이 그러하다. 영국처럼 농산물을 많이 수입하는 국가에서는 항구가 공장부지로 각광받는다.

◆ 세계적인 그룹인 유니레버

로테르담에 본사를 둔 유니레버는 유럽연합 제1의 농산물 가공업체이다. 1994년에는 매상고가 2,517억 프랑으로 스위스의 네슬레에 앞서 유럽 1위를 차지했다. 유니레버는 80여개 국에 500여 업체를 거느리고, 304,000명의 직원을 채용하고 있으며, 1,000여개의 등록상표를 유통시키고 있다. 이 회사는 관련분야의 연구에 할당되는 예산 (1994년에 50억 프랑)을 점차 증액시키고 있다.

◆ 지역에 따른 매출고 (1994년)

지역	비율(%)
유럽	53
북아메리카	20
기타	27

◆ 유니레버의 분야별 매상고 분포

화학제품: 9%
목욕제품 및 피부, 미용제품: 15%
세척제: 22%
농산물: 52%
기타: 2%

서비스 산업

1985년에는 서비스 산업이 유럽연합 회원국들의 국내총생산 가운데 57%를 차지하기에 이르렀다.

◆ 3차산업의 비약적인 도약

3차산업에 종사하는 비율이 1970년에서 87년 사이에 46%에서 60%로 증가했다. 1차산업의 1,000만 명, 2차산업의 4,100만 명에 비해 7,300만 명의 유럽인들이 이 분야에서 일하고 있다. 일본은 총인구의 54%, 미국은 70%가 3차산업에 종사하고 있다.

농업분야의 고용인구는 40%, 산업분야의 고용인구가 22% 가량 줄어든 반면, 서비스 분야에서는 30%나 고용이 늘어났다. 포르투갈이나 아일랜드처럼 농업 활동인구가 많은 나라에서는 3차산업으로의 인구이동이 더욱 두드러진다.

◆ 은행 서비스

유럽연합의 10개 은행이 세계 27대 은행에 포함되어 있다. 오늘날에는 금융기관이 생명보험, 연금보험, 자동차 보험, 사고보험 등 보험분야로 활동의 폭을 넓히고 있다.

◆ 유럽의 10대 은행 (1994년)

회사이름 (국명)	자본 (억 프랑)	세계 순위
1. Deutsche Bank (독일)	19,590	9위
2. Crédit Agricole (프랑스)	17,540	12위
3. Crédit Lyonnais (프랑스)	17,530	13위
4. HSBC Holdings (영국)	17,100	14위
5. ABN Armo Holding (네덜란드)	15,390	15위
6. Société Générale (프랑스)	14,860	17위
7. Banque natinnale de Paris (프랑스)	14,520	19위
8. Barclays Bank (영국)	13,780	21위
9. Dresdner Bank (독일)	13,680	22위
10. National Westminster Bank (영국)	13,410	23위

관광산업

유럽에서는 현대적인 수송방식과 전문 여행사들의 적극적인 영업활동에 힘입어 대형 관광체계가 개발되었다.

◆ 유럽인의 관광

유럽인들의 절반 이상이 최소한 1년에 한 번은 여행을 떠나지만, 국가별로 커다란 차이를 보인다. 네덜란드에서는 국민의 65%가 바캉스를 떠나는 반면, 포르투갈의 경우에는 31%에 지나지 않는다. 유럽인들이 가장 선호하는 여행지는 그리스, 스페인, 프랑스의 순이다. 북유럽의 관광객들은 여름철만 되면 태양과 바다를 찾아 남쪽으로, 지중해로 이동한다.

봄과 가을에 여행을 떠나거나 유럽 이외의 다른 나라에서 여행을 즐기는 인구가 증가하고 있다. 1986에는 1,300만 명 이상의 유럽인들이 유럽이 아닌, 다른 국가로 여행을 떠났다. 이제는 평균수명이 길어지면서 노인들의 여행도 늘어나고 있다. 여행은 21세기 최대의 인적 이동이다.

◆ 유럽의 외국인 여행객

유럽에는 북미인처럼 자신의 뿌리를 찾으려고 하는 여행객들, 또는 유럽의 문화유적 (유럽에는 5,000개 이상의 박물관과 수많은 유적지가 있다)에 호기심을 가진 여행객들이 몰려든다. 부유한 미국인이나 유명상표에 매료된 일본인들의 수도 늘어나고 있다. 여행사들은 비즈니스맨의 취향에 맞는 관광상품을 개발하기 위해 노력하고 있다.

◆ 관광산업의 중요성

유럽에는 3,500여 개의 여행사들이 활동하고 있는데, 이들 가운데

9대 여행사가 총매상액의 **50%** 이상을 올리고 있다. 등급이 매겨진 호텔에는 **650만** 개의 침상이 갖추어져 있다. **1992년**에 유럽연합 제1의 여행사 그룹인 영국의 베스트 웨스턴 인터네셔널은 세계 **3위**를 기록해 프랑스의 아코르 그룹을 추월했다. 관광산업은 유럽연합의 국민 총생산 가운데 **5.5%**를 차지하고 있다.

◆ 유럽을 찾는 관광객의 수

국가	관광객수	국가	관광객수
프랑스	59,500,000	그리스	9,300,000
스페인	39,600,000	스웨덴	5,400,000
이탈리아	26,100,000	포르투갈	3,800,000
오스트리아	19,000,000	아일랜드	3,600,000
영국	18,500,000	핀란드	2,900,000
독일	15,100,000	룩셈부르크	800,000
벨기에	12,700,000		

◆ 바캉스를 떠나는 비율

국 가	바캉스를 떠나는 국민의 비율 (%)	이들 가운데 외국으로 떠나는 비율 (%)
독일	70	45
스웨덴	70	66
네덜란드	68	47
덴마크	68	36

국 가	바캉스를 떠나는 국민의 비율 (%)	이들 가운데 외국으로 떠나는 비율 (%)
벨기에	61	35
프랑스	60	16
영국	59	31
룩셈부르크	57	94
이탈리아	55	9
그리스	50	15
스페인	49	13
오스트리아	45	35
아일랜드	39	51
포르투갈	31	8

철도와 고속도로

유럽연합 북서부에 위치한 국가들의 교통망은 매우 다양하고 조밀하기 때문에 지중해 근방의 교통망과 대조를 이룬다. 유럽연합에서는 약 7백만 명이 교통분야에 종사하고 있다.

◆ 철도의 현대화

철도수송을 관리하는 국영기업들은 30년 전부터 현대화 정책을 시행했다. 영국과 지중해 연안국들처럼 설비가 노후화된 국가에서는 필수적인 작업이었다. 프랑스는 1976년에 상업화 속도가 시속 250 ㎞/h를 넘을 수 있는 TGV의 건설을 시작했다. TGV는 중거리 비행기에 대해 경쟁력을 갖는다.

1994년에 완공된 영국과 프랑스의 해저터널 덕분에 파리에서 런던까지는 3시간밖에 걸리지 않는다. 유럽에서는 2025년까지 총 19,000㎞의 고속철이 만들어질 예정이다. 따라서 프랑스의 알스톰과 독일의 지멘스가 치열한 경쟁을 벌일 수밖에 없다. 1989년을 기준으로 TGV 차량 한 대의 가격은 1억 프랑이었다.

◆ 도로와 고속도로

300만㎞의 도로와 38,000㎞의 고속도로를 갖춘 유럽연합은 세계에서 가장 밀집된 도로망을 자랑하고 있다. 독일은 전략적인 이유로 가장 먼저 고속도로를 건설했고, 이탈리아가 그 뒤를 이었다. 프랑스나 영국, 스페인 등의 고속망을 1945년이 훨씬 지나서야 만들어지기 시작했다.

그물망 모양인 독일의 도로와는 달리, 파리를 중심으로 방사선 모양으로 설계된 프랑스의 도로망은 베네룩스 3국, 북부 이탈리아의 도로망과 더불어 가장 높은 밀도를 보인다.

◆ 도로에 관한 통계

국 가	일반도로 (km)	고속도로 (km)	1000km당 고속도로
독일	502,000	10,955	30.6
오스트리아	109,000	1,500	17.8
벨기에	127,000	1,649	54

국 가	일반도로 (km)	고속도로 (km)	1000km당 고속도로
덴마크	71,000	653	15
스페인	158,000	2,558	5
핀란드	76,000	250	0.7
프랑스	888,000	7,080	13
그리스	34,000	92	0.7
아일랜드	92,000	32	0.4
이탈리아	305,000	6,214	20.6
룩셈부르크	5,000	78	30
네덜란드	110,000	2,092	50.7
포르투갈	97,000	454	5
영국	382,000	3,181	13
스웨덴	136,000	936	2

항공산업

항공산업은 유럽 단일시장의 테두리에서 가장 중요한 도전 가운데 하나이다. 유럽의 항공사들은 무엇보다 여행자들의 요구에 부응하면서 유럽연합 밖의 항공사들, 특히 미국의 항공사들과 치열한 경쟁을 벌여야 한다.

◆ 지속적으로 증가하는 항공교통

경제위기로 인해 발전속도가 둔화되기는 했지만, 유럽의 항공수송은 끊임 없이 증가하고 있다. 80년대 말에 유럽연합의 회원국이 차지한 항공수송은 세계 여객기 및 화물기 수송의 15%에 불과했지만,

2000년에 들어와서는 배로 늘어났다. 바캉스 인파와 비즈니스 여행
객들의 증가가 주요원인이라고 할 수 있다.

◆ 대규모의 항공사

　유럽의 3대 항공사가 세계 10대 항공사의 대열에 끼여 있다. 유럽
연합 내부에서의 경쟁은 두번째 문제이고, 미국의 대형 항공사들과
의 경쟁에 대비하기 위해 일련의 합병 및 협정 등의 정책이 추진되
었다. 프랑스의 에어 프랑스가 1990년에 UTA사를 인수했고, **Air
Inter**의 경영권을 장악했다. **British Airways**는 벨기에 회사인
Sabena와 네덜란드 **KLM**의 주주가 되었으며, 독일의 루프트한자는
에어 프랑스와 상호협정을 체결했다. 정기노선 이외에도 전세 비행
기들이 여행자들의 수송에 적지 않은 부분을 담당하고 있다.

◆ 5대 항공사

회사명 (국가)	여행객수 (1994년)	매출액 (1995년, 단위 억 달러)	보유 비행기 대수 (1994년)
1. British Airway (영국)	3,020,000	597	231
2. Lufthansa (독일)	3,000,000	676	264
3. Alitalia (이탈리아)	2,010,000	254	146
4. Air France (프랑스)	1,560,000	665	144
5. Iberia (스페인)	1,370,000	177	155

◆ 영국의 항공산업

Heathrow 공항의 수송량 가운데 **40%**를 담당하고 있는 **British Airways**는 70개국의 145개 도시와 연결되어 있으며, 매주 800회의 노선이 운행되고 있다. 231대의 정기선 (**2,800**만 여행객) 외에도 수 많은 임차 전세기를 이용해 매년 전세계로 **250**만 명을 수송하고 있다. 1987년에는 **British Caledonian**을 인수하면서 유럽연합 내에서의 입지를 굳혔다. **British Airways**는 1992년에 **TAT**를 인수하고, 자회사 **Deutsche BA**를 설립했다.

◆ 유럽의 주요 공항과 이용객 (1995년)

빈	850만 명	뮌헨	1,490만 명
아테네	990만 명	맨체스터	1500만 명
베를린	1,100만 명	뒤셀도르프	1,510만 명
바르셀로나	1,170만 명	마드리드	2,000만 명
브뤼셀	1,260만 명	로마	2,190만 명
스톡홀름	1,420만 명	암스테르담	2,540만 명
팔마	1,470만 명	프랑크푸르트	3,820만 명
코펜하겐	1,470만 명	파리	5,500만 명
밀라노	1,470만 명	런던	8,140만 명

자동차

유럽연합에서 1993년에 판매된 개인용 차량은 **1,260**만 대, 사업용 차량은 130만 대로 일본을 앞섰다. 지금은 미국과 선두를 다투고 있다. 자동차 산업은 유럽연합의 15개 회원국 가운데 10개국에서만 가동되고 있으며, 180만 명이 고용되어 있다.

유럽의 5개 회사가 1992년에 세계 10대 자동차 제조업체에 포함되었다.

◆ 유럽연합에서의 자동차 회사의 순위와 비율

회 사	국 가	생산량
Volkswagen	독일	3,294,000
FIAT	이탈리아	2,390,000
PSA	프랑스	2,067,000
Renault	프랑스	1,848,000
Mercedes-Benz	독일	877,000
BMW	독일	553,000
Rover	영국	384,000
Volvo	스웨덴	332,000

14,300만 대의 개인용 차량과 1,900만 대의 사업용 차량이 유럽연합에서 운행되고 있다. 1993년에는 1,280만대가 등록되었다. 그런데 미국의 자동차 업체가 유럽에서 차지하는 비중은 무시할 수 없다. 일본은 1993년에 유럽 시장에서 100만 대의 차량을 판매했다.

◆ 유럽연합 국가들의 자동차 생산량

1995년의 자동차 생산

국가	개인 차량	사업용 차량
독일	4,360,000	155,000
프랑스	3,042,000	492,000
스페인	1,959,000	349,000
영국	1,532,000	206,000
이탈리아	1,422,000	201,000
벨기에	410,000	61,000
스웨덴	388,000	0
네덜란드	100,000	0
오스트리아	59,000	0

◆ 유럽연합 국가들의 자동차 보유수

국가	1000명당 자동차 수	국가	1000명당 자동차 수
독일	458	아일랜드	235
오스트리아	394	이탈리아	488
벨기에	398	룩셈부르크	498
덴마크	310	네덜란드	371
스페인	332	포르투갈	281
핀란드	380	영국	374
프랑스	419	스웨덴	419
그리스	176		

유럽의 자동차

자동차는 공동체의 내부시장, 수송, 환경, 소비자 문제, 상업정책

등과 직결되어 있다. 유럽공동체의 자동차 산업은 1992년에 2,105억 유로의 매출액을 달성했다. 100만 명이 넘는 근로자가 자동차 산업에 종사하고 있는데, 봉급 생활자의 3,7%에 이른다. 1993년에는 1,200만 대의 차량을 생산함으로써 일본 (1,120만 대)과 미국 (1,080만 대)을 제치고 세계 제1의 자동차 생산국으로 떠올랐다.

◆ 유럽-일본 협정

자동차 수출국인 유럽연합의 흑자규모는 1985년의 162억 유로에 비해 1992년에는 56억 유로로 줄어들었다. 또한 유럽연합의 자동차 수입은 증가추세에 있다. 특히 일본 자동차의 수입이 전체 수입 자동차의 53.8%나 차지하며, 유럽연합에서의 일본 자동차 비율은 1989년의 10.9%에 비해 1993년에는 12%로 늘어났다. 1991년에 유럽공동체와 일본은 1993-2000년에 유럽에서의 일본차 수입을 억제하고, 그 이후로는 전면 자유화하기로 합의했다.

◆ 다른 회원국에서의 차량 구입

유럽에서 상용되는 자동차의 19%는 국가에 따라 20% 이상의 가격차를 보인다. 심지어는 동일한 모델의 차량가격이 33%나 벌어지기도 한다. 하지만 자동차 판매상은 매수인의 국적이나 거주지가 다르다는 이유로 판매를 거부할 수 없다. 또한 차량 인도일을 늦춘다거나 부당하게 가격을 올릴 권리도 없다. 매수인은 구입한 차량이 등록되는 국가에서 부가가치세를 해결해야 한다.

◆ 유럽의 운전면허증

1996년 1월 1일부터 유럽공동체에 속한 국가에서 취득한 운전면허증은 동시에 유럽연합의 면허증이 되었다.

◆ 지극히 유럽적인 제품 자동차

이미 70년대부터 브레이크, 백미러, 안전벨트, 바퀴, 전조등, 유리, 중량, 크기, 번호판, 배기량 등
모든 자동차 부속품은 유럽의 안전규준과 환경친화적인 규정에 부합되어야 한다.

유럽의 수송정책

유럽공동체의 육상수송은 두 가지 측면에서 관심을 끈다. 즉, 수송분야의 자유화와 대규모 유럽 횡단망의 발족이다.

◆ 도로수송

유럽연합의 다른 회원국에 속한 수송회사에게 가해지던 규제가 1993년 1월 1일부터 완전히 해제되었다. 이와 마찬가지로 '연안무역'은 1998년 6월 30일부터 자유화되었다. 유럽연합의 비거주자인

수송자는 회원국의 내부수송에 참여할 수 있다.

　도로수송에 관한 유럽의 정책은 위험한 제품들의 수송에 대한 규제방안과 도로안전을 위한 프로그램을 포함한다. 가장 구체적인 프로그램으로는 유럽에서 발생하는 교통사고의 데이터베이스화를 꼽을 수 있다.

◆ 유럽 횡단망

　몽펠리에 - 마드리드, 닥스 - 마드리드, 파리 - 카를스루에 - 만하임, 메츠 - 룩셈부르크, 리용 - 토리노를 연결하는 고속열차(TGV)망의 확충에 37억 유로의 예산이 투입될 예정이다.

◆ 항공교통

　일련의 자유화 방안이 1993년부터 효력을 발하기 시작했다.

- 단일 면허체제가 정착되어 한 회원국에서 인준받은 항공회사는 공동체 내에서 서비스 활동을 할 수 있다.
- 항공회사는 두 회원국 사이를 운행할 수 있다. 1997년에는 국내선의 전면적인 자유화가 이루어졌다.
- 항공운임의 책정은 원칙적으로 자유이다. 하지만 특정한 회원국이 지나치게 높거나 낮게 책정했다고 판단되면, 제재를 가할 수 있다.
- 동일한 노선을 운행하는 항공사들의 운행시간은 기본원칙에 따

라 동등하게 분배된다.

- 수하물 관리나 청소 등의 보조 서비스는 자유화 대상이다.

◆ 유럽의 국립 항공회사 (1999년)

회 사	1km당 여행객 (100만 명)
British airways (영국)	118,016
Lufthansa (독일)	86,154
Air France (프랑스)	83,823
KLM (네덜란드)	58,113
Alitalia (이탈리아)	36,690
Ibéria (스페인)	34,607
SAS (스웨덴, 노르웨이, 덴마크)	21,160
Sabena (벨기에)	17,693
TAP (포르투갈)	9,380
Olympic (그리스)	8,306
Australian (오스트리아)	7,891
Finnai (핀란드)	7,803
Aer Lingus (아일랜드)	7,602
Luxair (룩셈부르크)	738

◆ 유럽교통 서비스에서의 갈릴레오와 마르코 폴로

갈릴레오는 위성을 통한 무선항법 시스템으로서 유럽연합에 의해 개발되었는데, 유럽 전역에 걸쳐 위치를 파악하는 서비스를 제공한다. 유럽연합의 집행위원회는 이 시스템이 2008년부터 실제로 활용될 수 있을 것으로 예상하고 있다. 마르코 폴로는 도로나 철도, 강 등의 운송수단을 균형 있게 발전시키면서 통합적으로 이용하기 위한 프로그램이다. 연간 3천만 유로가 투입된다.

환경정책

◆ 2010년을 향한 유럽의 전략

유럽연합은 환경정책에 있어 기후변화와 자연보호, 생물의 다양성 보존, 환경과 건강, 천연자원과 폐기물 관리 등에 우선순위를 두고 있다. 1987년부터 유럽연합에 의해 채택되는 모든 정책은 환경보호 원칙을 준수해야 한다. 1995년에는 수질 (식수, 목욕물, 연수)을 보호하기 위한 기본강령이 채택되었다. 또한 잔디 깎는 기계, 오토바이, 비행기, 크레인, 굴착기 등에 최소소음 규정이 정해졌다. 대기오염을 개선하기 위한 강령은 무엇보다 차량과 산업활동으로 인한 오염가스 배출을 줄이는 데 우선적인 목표를 두고 있다. 오염물질의 배출감소 (무연 휘발유 사용), 개인차량의 규제, 그리고 세제혜택 등을 통해 무공해 차량을 장려한다. 'Natura 2000 네트워크'의 테두리에서 자연과 야생동물, 자연 서식지 (숲과 하천)를 보호하기 위한 규정이 시행되고 있다.

환경을 파괴한 당사자에게는 유럽 차원에서의 법적 수단을 통해 민사상의 책임을 물을 수 있다.

◆ 기후변화

유럽환경청에 따르면, 2000년에 유럽연합에서의 온실가스 방출은 1990년보다 4% 감소했다. 하지만 1997년에 체결된 교토 협약을 제대로 이행하기 위해서는 2008년부터 2012년까지 온실가스의 배출을 8%나 줄여야 한다. 유럽연합의 집행위원회는 2020년까지 온실가스의 배출량 가운데 20-40%를 줄이도록 권고하고 있다.

◆ 오존층 보호

유럽연합은 프레온 가스처럼 대기에 치명적인 조제물질의 사용을 제한하고 있다. 인공 구름을 만들거나 냉매제로 사용되는 프레온 가스는 인간을 자외선으로부터 보호해주는 오존층을 파괴시킨다. 1995년부터 프레온가스의 생산이 몇몇 불가피한 경우를 제외하고는 전면 금지되었다.

◆ 유럽의 환경 라벨인 '에코-라벨'

1993년부터 유럽의 에코-라벨은 사용기간 동안 환경을 훼손시키지 않는 제품에 부착되었다. 에코 라벨은 유럽연합을 상징하는 별들로 둘러싸인 'E'의 꽃 모양이다. 라벨은 제품의 생산국이나 수입국의 국가 기관이 유럽 기준에 따라 결정되는 에코-진단 이후 부여하게 된다. 현재는 세탁기와 세척기, 흡수지 (바운티 휴지), 화장지와 정원용 비료 등에 에코 라벨을 부착할 수 있다.

◆ 유럽환경청

유럽환경청은 코펜하겐에 본부를 두고 있다. 그의 주요임무는 유럽 차원에서 환경보호 정책을 입안하는 데 필요한 정보를 제공하고, 시민들에게 환경에 대한 정확한 정보를 공개하는 것이다.

1993년 이래의 거대시장

1993년 1월 1일부터 유럽공동체 내에서는 모든 물품, 서비스와 자본의 유통이 자유롭게 되었다. 국경 없는 유럽이 갑자기 생겨난 것은 아니다. 1957년에 로마 조약의 조인과 더불어 시작되어 오랫동안 우여곡절을 겪으며 오늘날에 이르렀다. 60년대 말에는 회원국 간의 무역관세가 폐지되었다.

◆ 내부시장의 활용

집행위원회는 1993년부터 공동체의 내부시장에서 발생날 수 있는 문제점을 찾아내고 해결하기 위해 2개의 기관을 세웠다. 즉, 회원국들의 대표로 구성되는 유럽 내부시장의 조정자문위원회, 기업의 대표와 전문가들로 구성되는 청문위원회가 그것이다. 1993년 12월에는 유럽 내부시장의 법적 장치를 다지기 위해 전략적인 프로그램이 채택되었다.

유럽연합의 전체 무역량에서 공동체 내부의 거래량이 지속적인 증가추세를 보이고 있다. 1980-92년 사이에 수입은 49%에서 59%, 수출은 55%에서 61%로 증가했다. 뿐만 아니라, 합병인수와 외국의 직접투자가 눈에 띄게 증가하고 있다.

◆ 아무 제약 없이 유통되는 상품

1993년 1월 1일부터 특정한 경우를 제외하고는 공동체 내에서 거래되는 물품에 대한 통관서류가 폐지되었다. 또한 부가가치세에 관한 임시체계가 발효되었다. 이에 따라 제품이 양도된 국가에서 세금이 책정되고, 부가가치세에 관한 공동 과세기준이 마련되었다. 주류 등에 부과되는 소비세의 경우에는 해당물품을 소비하는 국가의 과세율에 따라 징수되고 있다. 반면에 공동체 외부의 국경은 강화되고, 세관의 공동체 코드가 발효되었다. 동식물의 병충해 방제검역, 문화재 교류, 마약류, 천연보호 대상이 되는 동물의 반입, 위조방지 등의 검열을 위해 공동체의 국경에 특수장비가 투입되었다.

◆ 유럽 제품을 향하여

프랑스와 영국의 전기코드는 서로 다른 규격에 따르고 있다. 따라서 최소한의 규격화 정책을 마련하지 않으면, 자칫 국경의 개방이 경제적인 손실을 유발할 수도 있다. 장난감과 기계, 가스기기, 보일러, 전기설비, 원거리 통신설비 등에 대한 안전규칙이 마련되었다.

1979년에 유럽재판소는 원산지의 법규에 부합된 제품이 공동체의 다른 국가에서도 유통될 수 있다는 판결을 내렸다. 이제 국가법규의 상호인정은 상품의 일반적인 '출입증'이 된 것이다.

◆ 유럽 마크와 특허증

유럽의 지적 소유권 문제는 유럽 제품의 발전적인 성장을 위해 해결되어야 할 주요과제이다. 1973년에 뮌헨 협정이 조인되면서 서명국들은 뮌헨의 유럽특허증사무국에 특허를 신청할 수 있게 되었다. 1996년부터는 기업이 스페인 알리칸테에 소재한 내부시장 조화 사무국에 공동체 마크를 제출할 수 있게 되었다. 사무국은 유럽의 마크 등록에 관한 권한을 가진다.

세제의 조정

간접세 (부가가치세나 주세 등의 소비세)의 개혁은 공동체의 내부시장을 완성하는 데 있어 매우 중요하다.

◆ 부가가치세율

부가가치세율이 1993년 1월 1일부터 조정되어 적용되었다. 유럽 연합의 회원국들은 부가가치세를 최소한 15% 부과해야 한다. 사회활동이나 문화활동에 관련된 경우에는 세율을 5%까지 줄일 수 있다. 사치품에 부과되던 가산세 제도는 폐지되었다.

부가가치세 2001년 5월1일	축소세율 (%)	일반세율 (%)
독일	7	16
오스트리아	10/12	20
벨기에	6	21
덴마크	-	25
스페인	7	16
핀란드	8/17	22
프랑스	5.5	19.6
그리스	8	18
아일랜드	12.5	20
이탈리아	10	20
룩셈부르크	6	15
네덜란드	6	19
포르투갈	5/12	17
영국	5	17.5
스웨덴	6/12	25

◆ 특별소비세율

특별소비세는 술이나 담배 등의 제품에 부과된다. 1993년 1월 1일에 제정된 최소세율에 의해 국가간의 세율 차이가 좁혀졌다. 유연 휘발유에 대한 소비세가 1,000리터당 337유로인데 반해, 무연의 경우는 287유로이다. 유럽연합의 집행위원회는 식물성 대체연료의 경우에 보통 휘발유나 디젤유에 부과되는 소비세의 10%를 넘지 않도록 권고하고 있다.

◆ 국경세의 폐지

이것은 공동체 내에서 거래되는 상품에 대한 부가가치세와 소비세를 국경에서 징수하는 현재의 양식을 바꾼다는 의미이다. 1996년 12월 31일부터 부가가치세는 수출국에서 면제되고, 수입국에서 구입자에 의해 공제되고 있다.

◆ 탈세와의 전쟁

유럽연합의 15개 회원국은 탈세를 방지하기 위해 공동보조를 취하고 있다. 부가가치세의 경우에는 납세 의무자의 부가가치세 번호와 공동체 내에서의 총판매량을 기록하는 정보화된 네트워크가 설치되었다.

증권과 유럽

투자자나 기업의 욕구를 충족시킬 수 있는 유가증권 거래시장이 형성되었다. 1996년 1월 1일부터 유가증권에 대한 거래 자유화가 시행되었다.

◆ 회원국의 주요 증권시장 (1999년)

위 치	상장회사 수 (투자회사 제외)	거래액 (100만 유로)	국가기업의 자본액 (100만 유로)
런던	2,274	9,821,323	2,679,119
파리	1,144	2,713,788	1,410,190
프랑크푸르트	851	1,455,711	1,343,774
마드리드	727	693,132	-
밀라노	270	506,154	-
암스테르담	387	442,142	652,288
스톡홀름	300	294,318	350,239
브뤼셀	268	207,703	172,771
빌바오	275	201,478	-
바르셀로나	500	184,411	-
아테네	262	177,598	184,698
헬싱키	150	103,118	327,829
코펜하겐	242	62,494	98,794
더블린	103	44,673	64,528
리스본	125	37,981	63,941
비엔나	114	11,948	30,985
룩셈부르크	177	1,349	33,721

런던의 증권거래소는 유럽에서 가장 크며, 세계적으로는 뉴욕과 일본 다음으로 세계 3위이다. 90년대에는 유럽에서의 증권거래 규모가 2-3년 마다 두 배씩 증가하는 급성장을 보였다. 빌바오나 헬싱키, 룩셈부르크, 스톡홀름과 같은 소규모의 거래소들이 특히 그러했다.

보 험

1994년 7월 1일부터 공동체 내에서는 자유롭게 생명보험이나 상해보험에 가입할 수 있게 되었다. 보험회사는 모든 회원국에서 지사나 연락 사무소, 또는 자회사를 개설할 수 있고, 상해보험 (화재, 도난, 민사관련)이나 생명보험의 계약을 거래할 수 있다. 예를 들어, 프랑스 사람이 프랑스에 진출한 벨기에 회사의 보험에 가입할 수 있다.

◆ 유럽의 보험시장

유럽의 보험시장은 세계의 **8.6%**를 차지하고 있다. 미국은 **34.4%**, 일본은 **21.8%**이다. 유럽연합 제1의 보험시장인 영국은 **8.1%**, 독일이 그 다음으로 **7.4%**, 프랑스는 **5.7%**를 차지하고 있다. 지난 10년 동안 보험업은 미국에서보다 유럽과 일본에서 급속도로 발전했다.

은 행

1993년 1월 1일부터 유럽연합의 은행은 어느 회원국에서도 지점을 열 수 있고, 모든 회원국에 서비스를 제공할 수 있게 되었다. 프랑스에는 다른 회원국의 대형은행들이 들어왔고, BNP, 크레디리요네, 크레디아그리콜 등의 프랑스 은행들은 다른 회원국으로 진출했다.

유럽연합의 회원국은 공동체 외부에 자유롭게 지점을 개설할 수 있다. 유럽연합 외부에 본사를 둔 은행의 지점에 대한 아그레망 수

여는 상호성 원칙에 따른다. 예를 들어, 일본 은행은 일본에 소재한 유럽 은행과 동일한 권리를 유럽연합 내에서 행사할 수 있다.

◆ 자유로운 설립

1993년 1월 1일부터 은행설립 자유권이 보장되었다. 다른 나라에서 지점이나 사무소를 열려고 하면, 그 나라의 허가를 받기만 하면 된다. 은행의 설립이나 운영조건, 관리는 모태 국가의 법을 따라야 한다. 관리당국은 상대방 회원국에 의해 발급된 아그레망을 상호인정해야 한다. 즉, 프랑스에 진출한 독일 은행은 독일법에 따라야 하는 것이다.

◆ 금융 서비스의 자유로운 제공

1993년 1월 1일부터 예금이나 모든 형태의 자금유치, 대출과 리스, 계좌이체 업무, 지불수단 및 관리, 자동이체 등의 거래, 외환, 주식관리, 자문 서비스, 유가증권의 금고보관 서비스, 개인에 대한 서비스, 담보대출 등의 금융활동이 자유경쟁 시대로 들어섰다. 은행은 직접, 아니면 지점을 통해 모든 회원국에 금융 서비스를 제공할 수 있게 되었다. 예를 들어, 프랑스 은행은 네덜란드에 투자할 수 있고, 덴마크 은행은 이탈리아에 대출을 허락할 수 있다. 이와 마찬가지로 개인은 자신이 원하는 은행에 예금할 수 있고, 자신의 거주지가 아닌 다른 회원국에서 대출을 신청할 수도 있다.

유럽연합은 공동체 은행간의 평등한 경쟁을 보장하고, 은행의 무

분별한 이전을 막기 위해 다양한 대책을 마련했다. 구좌관리에 대한
공동규칙, 기업의 자기자본에 관한 개념의 조정, 지불능력 비율의 정
의, 자금세탁 방지, 예금보증 시스템 등이 그것이다.

◆ 유럽연합 내에서 다른 회원국으로의 계좌이체

　국경을 넘는 계좌이체의 경우에 100유로에 대한 발송비 및 수수
료로 평균 25.4 유로의 비용이 부담되고 있다. 회원국간의 격차도
매우 심하게 나타나고 있다. 예를 들어, 룩셈부르크에서는 100유로
를 보내기 위해 115.75유로를 지불하고, 프랑스에서는 133유로를 지
불해야 한다. 영국이나 벨기에, 아일랜드의 은행은 업무가 가장 신속
하게 처리되는 것으로 나타났다. 업무속도가 가장 느린 은행은 이탈
리아와 포르투갈이다.

　회원국의 은행들은 국경을 넘는 거래에 있어 일련의 규칙을 준수
해야 한다.

- 계좌이체 서비스는 6일을 넘기지 않아야 한다.
- 발송자와 수신자에게 이중으로 수수료를 부과해서는 안 된다.
- 이체가 성립되지 않았을 경우에는 제반비용 및 이자를 변상해주
  어야 한다.
- 이체에 관한 비용과 기간을 명시해야 한다.

◆ 유럽의 대규모 은행 Top 15

은행	국가	자산 (100만 유로)	세계 순위
Deutsche Bank	독일	530,465	2
HSBC	영국	413,564	7
Crédit agricole	프랑스	379,972	10
ABN-AMRO	네덜란드	378,020	11
Société générale	프랑스	371,897	12
Dresdner Bank	독일	344,272	15
Barclays Bank	영국	338,857	16
BNP	프랑스	307,448	18
West LB	독일	307,099	19
NatWest	영국	267,733	21
Commerzbank	독일	262,920	22
Lloyds TSB	영국	228,313	27
Crédit lyonnais	프랑스	226,437	28
Bayern LB	독일	218,775	29
Abbey National	영국	215,160	31

유로의 제도적, 정치적 양상

1999년 1월 1일부터 유로는 유럽연합 11개 회원국의 공식화폐가 되었다. 2002년부터는 자국의 화폐단위가 모두 유로로 대체되었다.

◆ 단일통화의 필요성

거시경제적인 관점에서 유로는 여러 강점을 지니고 있다.

- 유럽연합은 경제규모나 무역거래에 있어 충분히 미국과 견줄 만하다.
- 외부를 향해 열려 있는 유럽연합은 통화의 국제변동에 더욱 민감하다. (수출이 유럽 국민순생산의 30%를 차지하고 있다. 미국의 경우는 8%에 지나지 않는다)
- 유로가 국제적인 교류, 특히 무역거래에 있어 지배적인 통화로서 달러와 경쟁관계를 갖게 될 것이다.
- 유로는 국제통화 시스템의 안정에 이바지할 것이다.

◆ 공조기준

단일통화는 경제와 사회수준이 비슷한 국가에서만 가능하다. 이러한 공조기준을 준수하는 회원국만이 유로에 참여할 수 있다.

- 과도한 공공적자가 없어야 한다. 즉, 공공적자가 연간 국민순생산의 3% 미만이어야 하며, 공공부채도 국민순생산의 60% 미만이어야 한다.
- 유럽연합의 인플레이션 부분에서 최저를 차지한 3국의 인플레이션율보다 1.5% 이상을 넘어서는 안 된다.
- 최소한 2년 동안 국가통화에 의해 유럽통화체계의 변동폭을 준수해야 한다.
- 장기 이자율이 유럽연합에서 이자율이 가장 낮은 3국의 평균을 2% 이상 초과해서는 안 된다.

◆ 유로 지역

1999년 1월 1일부터 유로를 채택한 회원국은 11개국이다. 이들 국가는 독일, 오스트리아, 벨기에, 스페인, 핀란드, 프랑스, 아일랜드, 이탈리아, 룩셈부르크, 네덜란드와 포르투갈이다. 그리스는 2001년 초에 유로 사용지역에 합류했다. 영국과 덴마크, 스웨덴은 당분간 유로가입을 보류했다. 유럽연합의 각료이사회는 회원국 통화간, 그리고 회원국 통화와 유로간의 환전율을 결정했다. 그 뒤로는 달러와 모든 통화에 대한 유로의 가치가 시장기능에 맡겨졌다.

◆ 안정과 팽창

1997년에 유럽연합의 15개 회원국에 의해 '안정과 팽창 협정'이 채택되었다. 그것은 과도한 공공적자를 미연에 방지하고, 위반사항을 시정하려는 목적을 지닌다. 회원국의 정부는 예산에 관한 구체적인 방향설정이 포함된 안정 프로그램을 제출해야 하며, 각료이사회는 이를 검토하고 승인한다. 적자폭은 국민순생산의 3%를 넘지 않아야 한다. 유럽연합의 각료이사회는 해당국가의 수정방안이 불충분하다고 판단될 경우에 국민순생산의 0.2%에 해당하는 공탁금을 요구할 수 있다. 2년 뒤에도 상황이 정상화되지 않으면, 공탁금의 회수는 불가능하다.

◆ 유로 관리기관

독립적인 지위를 갖는 유럽중앙은행은 유럽통화연구소의 뒤를 이어 1998년 6월 1일에 프랑크푸르트에 설립되었다. 중앙은행 유럽시스템은 유럽중앙은행과 유로 통화권에 속한 국가별 중앙은행들을 포함하고 있다. 경제재정 장관들이 참석하는 각료이사회는 회원국의 경제정책을 조정하고, 대외적인 유로 환전정책을 감독한다. (유럽중앙은행은 환전시장의 개입과 외화보유의 관리에 대한 직접적인 책임을 진다) 프랑스의 제안에 따라 세워진 유로이사회는 유로 통화권에 참여하고 있는 국가의 경제재정 장관들이 참여한다. 유로이사회는 비공식적인 방법으로 단일통화에 관계되는 특정문제에 대해 논의하고, 유럽중앙은행의 독립성을 견제하는 역할을 담당한다.

◆ 단일통화로의 이행

2002년 1월 1일부터 유로화와 하위단위인 센트가 유럽연합의 12개 회원국에서 일제히 사용되기 시작했다. 2002년 2월 18일부터는 국가화폐가 더 이상 통용되지 않고, 유로만으로 지불하게 되었다. 자국의 지폐와 동전은 2002년 6월 30일까지 은행이나 우체국에서 교환되었다. 그 뒤로는 중앙은행과 국고에서 동전은 3년 동안, 지폐는 10년 동안 무상으로 교환될 수 있다.

◆ 유로 지폐와 동전

지폐 140억 유로와 동전 500억 유로가 2002년 1월 1일부터 통용되기 시작했다. 지폐는 액수에 따라 색과 크기가 다른 7종류로 나뉘어진다. 5유로 (회색), 10유로 (붉은색), 20유로 (파란색), 50유로 (오렌지색), 100유로 (녹색), 200유로 (노란색), 500유로 (연보라색)가 그것이다. 통화에 새겨진 그림은 국가적인 기념비 대신에 유럽의 건축유산을 상징하고 있다. 동전은 8종류로 1유로, 2유로와 1센트, 2센트, 5센트, 10센트, 20센트, 50센트가 있다. 동전의 한쪽 면은 동일한 문양으로, 다른 한쪽 면은 국가별 특성을 살린 디자인으로 되어 있다. 유로의 공식약자인 €는 이미 컴퓨터 자판에 입력되어 있다.

◆ 새로운 화폐, 안정된 가격

어떠한 경우에도 유로로의 전환이 가격의 전반적 상승으로 이어져서는 안 되며, 소매상은 이를 준수해야 한다. 2002년 1월 1일부터 유로의 가격표시가 의무화되었지만, 이중가격 표시제는 지속될 수 있다. 가격표시에 있어 정확한 규칙은 공정하게 우수리를 반올림하는 것이다. 즉, 1.255유로는 1.26, 1.254유로는 1.25유로가 된다. 이와 동일한 원칙이 국제통화로의 환전에서도 적용된다.

◆ 유로와 유로를 사용하지 않는 유럽공동체
    국가간의 환전율

(2001년 11월 15일)

1 유 로		
0.61490	영국 파운드	GBP
7.4422	덴마크 크라운	DKK
9.3345	스웨덴 크라운	SEK
1.4709	스위스 프랑	CHF
0.8825	미국 달러	USD
107.91	일본 엔	JPY

◆ 모든 분야에서 공공시장의 개방

　공공시장에 대한 공동체의 법규는 군수물자와 무기를 포함하지 않
는다. 반면에 이전에 폐쇄적이었던 분야들이 새로이 개방되었다.
1992년 7월 1일부터 수송, 원거리 통신, 물과 에너지의 생산과 공급
시장이, 1993년 7월 1일부터는 서비스 (자문 서비스, 지적 능력이
요구되는 서비스)가 개방되었다.

기 업

　기업간의 자유경쟁은 유럽건설의 토대가 된다. 1993년에 선정된
세계 100대 기업 가운데 36개 기업이 유럽공동체의 12개국에 속해

있었다. 미국은 24개, 일본은 29개로 그 뒤를 이었다. 중소기업은 유럽의 산업조직에 있어 매우 중요한 위치를 차지하고 있다.

◆ 대기업

새로운 생산단위를 창출하기 위한 투자가 늘어나고, 국제적인 경쟁에 대응해야 할 필요성이 절실해지면서 대기업의 설립이 가속화되었다. 특히 프랑스 제1의 농산물 가공업체인 다농은 유제품 분야에서 세계 제1의 생산업체가 되었고, 식품용 면류에서는 세계 2위, 비스킷 생산분야에서는 유럽 1위, 맥주 제조업에서는 2위의 업체가 되었다.

◆ 중소기업의 중요성

유럽연합의 기업들 가운데 95%가 중소기업이다. 전체 산업체 고용인원의 2/3가 중소기업에서 일하고 있다. 몇 년 전부터 유럽연합은 중소기업의 발전을 위해 다양한 정책과 지원을 시행하고 있다. 즉, '유럽창구'를 통해 필요한 정보를 제공하고 기술혁신을 도모하며, 유럽투자은행에서의 융자를 장려하고 있다.

◆ 외국투자

특히 석유, 자동차 제조, 정보통신, 전자산업 등의 분야에 미국과 일본의 자본이 유입되고 있다. 그리고 무엇보다 영국과 독일에 집중되어 투자되고 있다. 아일랜드에서는 외국기업이 국가의 산업활동에서 50%의 비중을 차지하고 있다.

◆ 공공분야의 발전

정부가 국민경제를 통제하기 시작한 것은 전제주의 체제에서였다. 이탈리아의 파시즘 정권 아래서 IRI (산업재조정 연구소)나 스페인의 프랑코 정권에서 INI (국립산업 연구소)가 이러한 통제정책을 주도했다. 전쟁이 끝난 뒤에 프랑스, 영국, 오스트리아는 국영화 정책을 추진해나갔다. 하지만 프랑스에서 사회당 정권이 집권한 시기를 제외하고는 80년대 초부터 민영화 물결이 흐르기 시작했다. 포르투갈에서는 1989-1990년, 오스트리아에서는 1992년부터 민영화가 추진되었다.

◆ 국가별 100대 기업 (1994년)

독일	29	그리스	4
오스트리아	1	아일랜드	-
벨기에	2	룩셈부르크	-
덴마크	-	네덜란드	8
스페인	2	포르투갈	-
핀란드	-	영국	15
프랑스	29	스웨덴	3
그리스	-	다른유럽국가	7

중소기업

중소기업은 공동체 내의 기업 가운데 **95%** 이상을 차지하며, 유럽인의 **2/3** 이상을 고용하고 있다. 산업분야에는 **60%**, 서비스 분야에는 **75%**가 고용되어 있다.

◆ 중소기업의 공동체적 정의

각국은 중소기업에 대해 나름대로의 정의를 지니고 있는데, 주로 고용된 근로자의 최대수치에 근거하고 있다. 유럽연합에서 정의되는 중소기업은 고용인원이 **500**명 미만이고, 자산의 **1/3** 이상이 대기업에 의해 점유되지 않으며, 고정자산이 **7,500**만 유로 미만인 기업체여야 한다.

◆ 공동체를 위한 중소기업의 발전

오늘날 성장과 경쟁력, 고용이라는 세 가지 당면과제를 해결하기 위해서는 무엇보다 중소기업이 성장해야 한다. 중소기업과 장인들을 위해 도입된 프로그램은 공동체 차원에서뿐 아니라 회원국 차원에서도 중소기업의 성장과 고용을 지원하기 위해 시행되고 있다. 즉, 경험의 교류와 행정 간소화, 고용에 대한 부담완화, 조세환경 개선, 무역거래에서의 지불유예 단축, 지도자의 양성, 출자 및 대출의 간편화 등이 그것이다.

◆ 유로정보센터

유럽연합의 집행위원회는 중소기업을 후원하기 위해 유로정보센터나 유로 중소기업 창구 등의 네트워크를 활용하고 있다. 유로 중소기업 창구는 다음의 세 가지 임무를 지닌다.

- 법규, 규격, 지원, 융자, 연구 프로그램, 공동체 내부시장, 외부시장 등 공동체 현안문제에 대한 정보를 제공한다.
- 중소기업에 대한 자문역할을 담당한다. (예를 들어, 입찰공고에 대한 지원서류)
- 국가적, 지역적 절차에 대해 정보를 교환할 수 있는 파트너 망을 설립한다.

◆ 중소기업 지원을 위한 융자

유럽투자은행은 130개의 전문화된 은행을 중소기업을 위한 대출창구로 활용함으로써 소규모의 프로젝트를 간접적으로 지원하고 있다. 지난 5년 동안 40만 건 이상 (이 가운데 36,000건이 중소기업을 위한 것이었다)의 프로젝트가 지원되었다. 유럽투자은행은 공동체 예산 가운데 10억 유로를 2%의 이자를 할인해주는 방식으로 중소기업에게 융자해주었다. 이와 더불어 1994년 6월부터 운영되고 있는 유럽투자기금은 중소기업의 자금충당을 담당하는 전문은행을 통해 중소기업을 지원하고 있다.

◆ 기업간의 협력

공동체에 의해 설립된 기구들은 기업에게 구체적인 지원을 보장한다.

- 일관된 배급업자를 구한다.
- 공동구매나 하부구조의 공유를 통해 비용절감을 시도한다.
- 특허증의 활용허가를 얻어내거나 다른 기업에 양도한다.
- 새로운 시장을 개척한다.
- 상표의 이미지를 획득한다.
- 새로운 기술을 채택하거나 이전한다.
- 다른 기업에 대한 재정참여를 꾀한다.
- 입찰에서 다른 기업과 연합정선을 구축한다.

◆ 기업간의 연결사무국

집행위원회에 설치된 기업간의 연결사무국은 파트너를 찾는 기업을 위해 자문과 조정의 역할을 담당하고 있다. 기업간의 연결사무국은 54개국 412개의 망을 중심으로 움직이고 있는데, 산업적으로 뒤쳐져 있거나 퇴보한 지역의 업체와 유럽의 다른 업체가 무역이나 기술, 재정협력에 있어 서로 협정을 맺을 수 있도록 후원한다. 1994년에 빌바오에서 개최된 모임에서 스페인의 479개 기업이 50개국에서 온 2,000여개의 기업과 만날 수 있었다. 1995년에는 동서교류의 가교역할을 하는 독일의 도르트문트에서 열렸다.

◆ BC-Net (비즈니스 협력 네트워크)

집행위원회에 의해 가동되는 **BC-NET**는 기업간의 협력과 연결을 위한 유럽 차원의 정보망이다. 이 시스템은 실시간으로 유럽의 기업들로부터 들어오는 다양한 협력요청과 제안정보를 비교한다. 1988년 이래로 **BC-NET**는 63,000건 이상의 협력요청에 응했다. **BC-NET**는 협력요청을 즉각적으로 데이터에 저장하며, 다른 협력제공의 경우와 비교한다. **BC-NET** 망은 1993년 말에 15개 회원국과 24개의 제3국 (동구권 나라들, 브라질, 터키, 이스라엘, 캐나다, 모로코)이 연결되었다. 1993년에는 무역이나 기술, 재정 협력에 관한 만여 건의 협력 프로필이 **BC-NET** 망을 통해 전송되었다.

유럽의 회사

◆ 유럽회사 프로젝트

유럽연합의 집행위원회는 15개 회원국에 의해 경쟁규칙이 준수되는지를 감독하며, 이를 위반하는 기업에 대해서는 벌금을 부과할 수 있다. 유럽회사는 집행위원회가 규정한 유럽회사의 지위와 자격기준을 준수해야 한다.

유럽회사의 종사자들이 기업경영에 참여하는 형태는 세 가지이다.

- 종사자들이 감시위원회의 일부를 선출한다. (독일의 공동경영 방식)
- 종사자들이 자체적인 대표기구를 통해 참여한다. (라틴 스타일의

기업운영 위원회)
- 종사자들이 집단적인 동의의 형태로 기업의 의사결정에 참여한
  다. (북유럽 방식)

◆ 절차 및 세법

유럽연합의 모든 업체는 다른 회원국에서 회사를 세우거나 자회사
를 설립할 수 있다. 한 국가에서 창출한 이윤은 다른 국가로 이중과
세 없이 이체될 수 있다. 예를 들어, 프랑스 업체가 벨기에에 개설
한 자회사의 이윤을 프랑스로 들여올 때에는 벨기에에서 이미 세금
을 납부했기 때문에 프랑스에서는 과세되지 않는다.

◆ 기업간의 공모금지

로마 조약의 85조는 2개 이상의 기업끼리 연계해 경쟁을 방해하
는 행위를 금지하고 있다. 기업간의 결탁이나 공모는 어떠한 경우에
서도 허용되지 않는다.

- 구매나 매매가를 공동으로 결정하는 행위
- 기술개발이나 투자, 판로의 개척을 한정시키고 장악하려는 행위
- 동일한 서비스에 대해 무역 파트너에게 불평등한 조건을 제시하
  는 행위
- 특정 파트너를 제거하려는 목적으로 시장을 분배하는 행위

◆ 독점남용에 대한 금지

로마 조약의 86조는 기업이 그릇된 방식으로 공동체 내부시장에서 지배적인 위치를 차지하는 행위를 금지하고 있다.

- 특정한 경쟁자를 제거하는 행위
- 부당하게 매입하거나 특별한 매매가를 적용하는 행위
- 고객에 대해 차별적이거나 다른 가격을 적용하는 행위
- 정당한 이유 없이 특정한 고객에게 판매를 거부하는 행위

◆ 정부의 지원은 원칙적으로는 금지된다

로마 조약의 92조는 원칙적으로 국가가 자국의 기업을 지원하는 행위를 금지한다. 이러한 지원은 집행위원회의 동의 없이 이루어질 수 없다. 집행위원회가 회원국의 지원계획에 동의하지 않는경우에는 해당국에 지원의 삭제나 수정을 요구할 수 있다.

집행위원회는 아래의 경우에 동의할 수 있다.

- 지역개발을 촉진하기 위한 경우
- R&D를 지원하는 경우
- 환경보존과 관계되는 경우
- 중소기업을 지원하는 경우
- 인력양성의 활성화를 꾀하는 경우
- 실업자를 위한 고용창출 프로그램을 지원하는 경우

- 구조적인 과잉생산에 직면한 기업을 지원하는 경우

◆ 협정과 제한

기업간의 모든 협정은 금지되지만, 다음과 관련된 협력협정은 경쟁을 제한하는 것으로 간주되지 않는다.

- 의견과 경험의 교환
- 경제분야에서의 공동연구
- 시장에 대한 공동연구
- 회계분야에서의 협력
- 연구개발 R&D 계약의 공동이행
- 기업간의 경쟁관계가 없는 경우에서의 사후 서비스와 수선 서비스
- 하청협정: 하청업자가 하청의 주문자인 다른 기업에게 물자, 공사 혹은 서비스를 제공하는 행위에 관한 협정이다.
- 작은 규모의 협정: 지난 회계연도의 총매상고가 2억 유로를 넘지 않는 기업간의 협정이다.

◆ 금지된 협정이 허용되는 경우

제출된 협정안이 집행위원회에 의해 정당하다고 판단될 경우 (예를 들어, 생산과 제품의 분배를 개선시키고, 기술과 경제의 발전에 이바지한다고 판단될 경우)에는 금지조항을 면제받게 된다.

- 독점적 구매협정 (양조장과 커피점간의 협정, 석유회사와 주유소 간의 협정)
- 노하우의 이전에 관한 협정
- 자동차 판매에 관한 협정
- 수송조건과 가격에 관한 해운회사간의 협정

유럽의 대외무역

세계 제1의 수입자이자 수출자인 유럽연합은 세계 무역량의 약 40%를 차지한다. 유럽연합의 수출은 국내총생산의 22%를 차지하며, 공동체 내에서의 교역은 대외무역의 50% 이상을 차지하고 있다.

◆ 유럽연합과 제3세계

1957년에 유럽경제공동체가 창설된 시기에 유럽의 식민지들은 정치적으로는 독립했지만, 경제적으로는 여전히 유럽의 그늘 아래 있었다. 1963년부터 야운데에서 협상이 시도되었고, 로메 조약에 의해 개발도상국들을 지원하기 위한 협회가 창설되었다. 제3세계는 유럽연합 제1의 교역 파트너이다.

◆ 협력협정

개발도상국과 여러 협정이 조인되었다.

1963년: 아프리카 18개국과 마다가스카르와 **Yaounde** 조약이 체
　　　　결되었다.
1975년: 제1차 로메 조약에서는 아프리카, 카리브해, 태평양에 위
　　　　치한 46개국과 협정을 맺었다.
1979년: 제2차 로메 조약에서는 57개국으로 늘어났다.
1983년: 제3차 로메 조약에서는 농업발전에 우선권이 주어졌다.
1990년: 제4차 로메 조약에서는 재정지원이 강조되었다.

이러한 협정의 목표는 기술과 재정협력을 통해 제3세계의 경제개
발을 지원하는 것이다. 아프리카와 카리브해, 태평양 연안국가에서
생산되는 1차원료와 농산물의 수출을 통해 얻어지는 수입은 **Stabex**
와 **Sysmin** 시스템에 의해 보장된다. 제3차 로메 조약과 제4차 로메
조약에서는 협력 프로젝트의 사회문화적 차원이 고려되었다.

◆ 제3세계와의 교역

로메 조약 이외에도 수많은 상업협정이 **ASEAN**이나 라틴 아메리
카 국가들과 체결되었다. 아프리카, 카리브해와 태평양 연안국가들의
수출품 가운데 **40%**는 유럽연합으로 들어온다. 석유와 천연가스, 리
베리아의 철, 기니아의 보크사이트, 가봉의 우라늄, 농산물 등 천연
제품이 주종을 이룬다. 유럽연합의 **15**개 회원국은 농산물, 특히 가
공품과 고품질의 서비스를 수출한다.

◆ 제3세계에 대한 지원

유럽연합은 제3세계의 개발을 위한 공공지원에 있어 미국을 훨씬 능가하고 있다. 지원금 총액에 있어서는 프랑스가 선두를 차지하고 있지만, 국민총생산에 대한 비율로는 네덜란드가 프랑스를 앞서고 있다. (프랑스의 0.6%에 비해 네덜란드는 0.8%이다)

세계 속의 유럽연합

21세기의 유럽연합은 인구에 있어 중국과 인도 다음으로 세계 3위가 될 것이고, 무역에서는 세계 1위, 경제적으로는 세계 2위, 그리고 재정분야에 있어서는 세계 3위가 될 것이다. 하지만 그러기 위해서는 무엇보다 유럽연합 회원국들의 이질성을 극복해야 한다.

◆ 세계 제1의 무역

세계 10대 무역국 가운데 6개국이 유럽연합의 회원국이다. 유럽연합은 세계의 해상, 항공의 중심지이다. 로테르담은 제1의 항구이며, 루프트한자, 에어 프랑스, **British Airways**는 세계 8대 항공사에 속해 있다. 프랑스, 이탈리아, 스페인은 미국과 더불어 세계인이 가장 즐겨 찾는 관광지이다.

◆ 경제적으로 세계 2위

1993년에 51,700억 에큐를 기록한 유럽연합의 국내총생산은 미국의 52,900억 에큐에 버금가는 규모이다. 농업분야에서는 세계 1위이며, 자동차 제조나 플라스틱 제조, 시멘트 분야에서도 1위를 달리고 있다. 또한 유럽연합은 서비스 분야에서 세계 1위를 차지한다. 하지만 1차원료의 75%를 외부에서 수입하고 있으며, 에너지의 자급률은 45% 정도에 지나지 않는다.

1993년에 단일법령에 의해 추진된 3억 8천만 인구의 내부시장은 단일통화의 도입과 더불어 2002년에야 비로소 실현되었다.

◆ 재정적으로는 세계 3위

유럽의 12개 은행이 세계 40대 은행에 포함되어 있다. 런던과 파리, 프랑크푸르트 증권시장의 거래규모는 점차 늘어나고 있다. 달러가 가장 많이 유통되는 통화이기는 하지만, 국제시장에서 유로화가 차지하는 비중이 점차 커지고 있다. 몇 년 전부터는 미국에 유입된 유럽의 자본이 미국 회사가 유럽에 투자한 자본보다 더 커졌다.

◆ 인구당 국내순생산 (1993년, 단위: 달러)

유럽연합: 19,712
미국: 24,750
일본: 31,450

◆ 면적, 인구, 인구밀도 (1994년)

	유럽연합	미국	일본
면적 (1000㎞)	3,231	9,363	372
인구 (100만 명)	370	263	125
인구밀도 (명/㎢)	114	28	336

7. 유럽의 문화적 환경

유럽의 문화

마스트리히트 조약으로 공동의 문화유산과 국가적, 지역적 다양성을 존중하는 문화정책이 펼쳐지게 되었다.

◆ 문화정책

유럽연합에는 문화정책에 있어 4대 주제가 설정되어 있다.

- 유럽의 역사와 문화에 대한 인식의 확대
- 주요한 유럽 문화재의 보존
- 비상업적인 문화교류
- 시청각 분야를 포함한 예술과 문화의 창조

◆ 구체적인 프로그램

유럽연합은 문화유산의 보존활동을 지원하고 있다. 예를 들어, 기념비 및 유적지의 복원, 연수 및 연구 장학금의 지급 등이다. 지금까지는 부동산 형태의 유산에 한정되어 있었지만, 앞으로는 동산이나 박물관, 고문서, 수집품까지 지원 프로그램을 확장시킬 계획이다. 라파엘 프로그램은 다음과 같은 활동을 지원하고 있다.

- 공동으로 추진되는 '유럽의 유산 작업'
- 유럽의 유산에 관한 세미나 개최
- 5월 9일의 유럽 축제일을 전후한 문화행사
- 건축분야에서의 유럽상 제정 등을 포함한 유럽문화의 홍보행사
- 여러 언어로 된 박물관과 유적지의 소개
- 문화유산에 종사하는 인력의 교류

◆ 또 다른 프로그램

'Kaleidoscope 2000' 프로그램은 무대예술과 조형미술, 음악, 멀티미디어 등, 모든 예술분야에 관련된 지원 프로그램이다. 최소한 3개의 회원국이 공동으로 추진하는 유럽 차원의 프로젝트도 지원되고 있다.

아리안 프로그램은 유럽에서 도서보급 및 독서의 장려를 지원하는 프로그램이다. 특히 소수 언어권의 서적을 번역하거나 소수언어로 번역하는 작업이 우선적으로 지원되고 있다. 유럽인들에게 공동의 문화공간을 제공하기 위한 'Culture' 2000 프로그램에는 2000-2004

년에 1억6,700만 유로의 예산이 배정되었다.

소수언어 (프랑스의 경우에 알사스어, 바스크어, 브르타뉴어, 카탈로니아어, 코르시카어, 오크어)에 대한 지원 프로그램은 더블린에 소재한 소수언어 유럽사무국이 주관하고 있다.

◆ 상징적인 활동

유럽의 도시문화 행사는 1985년에 시작되었다. 해마다 유럽의 특정도시가 문화도시로 지정되어 1년 동안 유럽연합의 재정지원으로 다양한 문화행사를 벌인다. 2002년에는 브뤼쥬와 살라망크, 2003년에는 그라츠, 2004년에는 제노바와 릴이 유럽의 문화도시로 지정되었다. 1992년부터는 유럽의 문화 공동체라는 의미를 부각시키기 위해 유럽연합 이외의 도시를 지정해 '유럽문화의 달' 행사를 벌이고 있다. 1992년에는 크라코비, 1993년에는 그라프, 1994년에는 부다페스트, 1995년에는 프라하가 선정되었다.

유럽연합의 집행위원회는 유럽문화의 진흥을 위해 다음과 같이 포상하고 있다.

- 현대의 저자와 번역가에게 수여되는 유럽 아리스테이온 문학상
- 유럽영화에 주어지는 펠릭스상

또한 유럽의 건축조형물 자산의 보존을 위한 시범적인 계획을 추진하고 있다. 1995년에는 종교 기념물이 지원대상이었다.

◆ 예술품의 자유로운 거래

1993년 4월 1일부터는 제3국으로 유출되는 유럽의 문화재 (유적에서 발굴된 문화재, 혹은 기념비를 해체하면서 수거된 집기류 등)는 당국의 인가를 받아야 한다. 회원국의 국가법령이 정한 국보에 준하는 문화재는 반출이 거부될 수도 있다. 또한 국보급 문화재가 다른 회원국에 불법적으로 반출되었을 경우에는 원래의 소속국으로 반환되어야 한다. 낡은 유물이나 예술품, 소장품, 골동품 등에 부과되는 부가가치세는 특별법에 의해 정해진다.

다양한 문화

로마 조약에는 문화에 관한 규정이 담겨 있지 않았다. 그로부터 한참 뒤인 1984년, 마스트리히트 조약에 와서야 비로소 문화에 관한 조항이 삽입되었다. 유럽공동체의 아버지라고 할 수 있는 장 모네는 세상을 떠나기 전에 "유럽공동체의 건설을 다시 시작할 수만 있다면, 나는 문화에서부터 시작할 것이다"라고 고백했다.

◆ 독창적인 문화공간

그리스-로마 문화, 유태교와 기독교의 정신을 이어받은 유럽 문화는 르네상스와 계몽주의 시대를 거쳐 과학기술의 발전과 더불어 형성된 공동의 문화이다.

◆ 경제를 위한 주요활동

유럽연합에서는 약 4백만 명이 문화의 창조와 보급에 관계되는 분야에서 전일제 근무를 하고 있다. 유럽인들은 여가시간이 늘어나고 멀티미디어가 널리 사용되면서 서적이나 교육, 출판, 연극, 영화, TV, 박물관, 여행 등에 보다 많은 시간과 돈을 투자한다. 산업화된 유럽연합의 회원국은 국내총생산의 **3-6%** 정도를 문화에 지출하고 있지만, 지중해 연안의 주변국에서는 문화 활동비가 차지하는 비중이 비교적 낮다.

◆ 책은 문화의 버팀목

서적 판매상과 유통망을 유지하기 위해 대부분의 회원국은 유럽연합 내에서 동일한 가격을 적용하려고 한다. 하지만 책에 부과되는 부가가치세가 덴마크에서는 **20%**인 반면, 영국에서는 전혀 부과되지 않기 때문에 국가에 따라 서적가격이 커다란 차이를 보인다. 일반독자들의 요구에 부응하고 있는 포켓판의 발행은 서점가의 혁명이라고도 불리워진다. 해마다 브뤼셀과 프랑크푸르트, 파리에서는 서적 전시회가 열린다.

◆ 멀티미디어

유럽연합은 문화의 새로운 전파수단인 멀티미디어 정보체계의 세계화에 들어섰다. 인공위성이나 전자 컴퓨터망에 의해 실시간으로, 그리

고 지속적으로 문화의 교류와 보급이 가능하게 되었다. 유럽 문화의
발전은 이처럼 새로운 기술의 발전과 지원 없이는 생각하기 어렵다.

◆ 방문객이 가장 즐겨 찾는 박물관과 유적지 (1992년,
　단위: 100만 명)

- 퐁피두 센터, 파리 (8.2)
- 대영 박물관, 런던 (6.3)
- 에펠탑, 파리 (5.5)
- 루브르, 파리 (4.9)
- 국립 미술관, 런던 (4.3)
- 베르사이유 궁전 (3.2)
- 투소 박물관, 런던 (2)
- 프라에 박물관, 마드리드 (1.7)
- 테이트 갤러리, 런던 (1.5)
- 과학 박물관, 런던 (1.2)
- 앵발리드, 파리 (1.2)
- 국립미술관, 피렌체 (1.1)
- 렘브란트 박물관, 암스테르담 (1)

◆ 음악 페스티발

- 벨기에: 플랑드르 페스티발 (4-10월)
- 스페인: 바르셀로나 (10월)

- 프랑스: 보르도 (5월), 엑상프로방스 (7-8월), 프라드 (7-8월)
- 이탈리아: 피렌체 (5-6월), 페루자 (종교음악, 9-10월), Verone (오페라, 7-9월)
- 영국: 글린데번 (5-8월)
- 독일: 안스바흐 (바하, 7-8월) 바이로이트 (바그너, 7-8월) 본 (베토벤, 5-9월)

이 름	위 치	개장연도	면 적	연간 입장객 수
영국				
Alton Tower	Staffordishire	1974	450ha	2,000,000
Frontier Land	Morelambe	-	-	1,500,000
Thorpe Park	Surrey	1973	300ha	1,300,000
독일				
Plantasialand	Brühl	1967	28ha	2,100,000
Europa Park	Rust	1975	36ha	1,850,000
Holiday Park	Hassloch	1972	40ha	1,200,000
벨기에				
Walibi	Wavre	1974	25ha	1,600,000
Bellewaerde	Ypres	-	40ha	650,000
네덜란드				
De Efteling	Kaatsheuvel	1951	58ha	2,100,000
Flevohor	Flevoland	1975	120ha	900,000
스페인				
Parque se Atracciones	Barcelone	1975	13ha	1,300,000
이탈리아				
Gardaland	Lac de Garde	1975	20ha	1,300,000
덴마크				
Tivoli	Copenhague	1843	5ha	4,000,000
Legoland	Billhund	1968	18ha	1,200,000

영 화

　유럽에서의 영화제작은 1985년에 326편, 1989년에 473편, 1993년에는 502편으로 점차 늘어나는 추세이다. 하지만 극장을 찾는 관람객은 1955년의 43억에 비해 1993년에는 6억 3,600만 명으로 급격히 줄어들었다. 영화관도 같은 기간에 43,000개에서 17,000개로 감소했다. TV 채널이 늘어나고 케이블 방송국이 세워지면서 관람객들은 영화관 대신에 TV 앞에 앉게 된 것이다. 특히 1980년에 200만 대에 불과했던 비디오가 1992년에는 7,500만 대로 급증한 것도 관람객의 수를 감소시킨 주요원인이 되었다.

◆ 영화관의 수 (1990년)

프랑스	48,212	그리스	700
이탈리아	4,000	네덜란드	426
독일	3,246	덴마크	375
스페인	1,882	벨기에	309
영국	1,312	포르투갈	300

◆ 매출액 (1992년)

　프랑스 영화는 40억 프랑의 매출액으로 유럽연합에서 선두이고, 이탈리아가 25억 프랑으로 그 뒤를 잇고 있다. 15개국이 영화를 제작해 벌어들인 수입은 178억 프랑인데 반해, 미국은 단독으로 260

억 프랑의 수입을 올렸다.

◆ 영화관을 찾는 횟수 (1988년)

- 1년에 2-3회: 스페인, 프랑스, 아일랜드
- 1년에 2회: 포르투갈, 이탈리아, 영국, 독일, 벨기에, 덴마크, 그리스
- 1회 이하: 스웨덴, 네덜란드, 오스트리아

◆ 상영되는 영화 가운데서 미국의 비율 (1993년)

독일	영국	이탈리아	프랑스
87%	85%	70%	60%

◆ 이탈리아 영화의 위기

1960년대에 수많은 영화광들로부터 사랑받던 이탈리아 영화는 영화계 전반에 불어닥친 위기로 인해 커다란 타격을 입었다. 이탈리아에서 영화관을 찾은 관람객의 수가 1955년에는 8억 1,900만 명, 1977년에는 3억 7,000만 명, 1981년에는 1억 9,500만 명, 1989년에는 1억 1,400만 명, 그리고 1992년에는 9,200만 명으로 줄어들었다. 1972년에는 매년 150여 편의 영화가 제작되었지만, 90년대에 들어서는 100편도 되지 않는다.

이탈리아에서는 방송 자유화로 인해 1,000여 개의 민간 방송국이 생겨났다. 안방에서는 수백만 명이 1주일에 200편이 넘는 영화를 시청하고 있다. 시청자들은 매일 35편 내지 40편의 영화를 선택할 수 있다.

신 문

스페인과 포르투갈이 민주주의를 쟁취한 이래로 출판과 보도의 자유는 유럽연합의 모든 회원국에서 보장되고 있다. 유럽연합에서는 1,400여 종의 일간지가 총 7,800만 부를 발행하고 있다. 즉, 1,000명에 213부 꼴로 미국 (230부)과는 비슷하지만, 일본 (574부)과는 비교가 되지 않는다.

◆ 커다란 다양성

신문은 지중해 연안의 국가보다 앵글로색슨 국가에서 더 중요한 위치를 차지하고 있다. 영국과 독일은 유럽연합에서 발간되는 일간지의 2/3를 배포하며, 어디서나 지역지가 발간되고 있다.

독일과 영국에서는 대중지와 수준 높은 신문간에 차이가 크다. 영국에서는 [Sun]이 보수주의, [Daily Mirror]가 노동당의 이념에 가깝다. 스페인의 [ABC]는 카톨릭 왕정주의, 이탈리아의 [Unita]는 공산주의적인 성향이 짙다.

◆ 멀티미디어 그룹

영국의 R. Maxwell 그룹 (Sunday People, Daily Mirror), R. Murdoch 그룹 (Times, The Sun), 독일의 Axel Springer 그룹 (Die Welt, Bild Zeitung), Bertelsman 그룹 (Die Zeit, Geo), 프랑스의 R. Hersant 그룹 (르 피가로), 이탈리아의 Carlo De Benedetti 그룹 (La Republica), 벨기에의 Rossel 그룹 (Le Soir) 등이 유명하다.

◆ 주요 일간지 (1992년)

Bild Zeitung (독일): 440만

The Sun (영국): 350만

Daily Mirror (영국): 340만

Daily Mail (영국): 180만

Daily Express (영국): 150만

Westdeutsche Allgemeine (독일): 120만

Neue Kronen Zeitung (오스트리아): 110만

Daily Telegraph (영국): 100만

Ouest France (프랑스): 79만

Star (영국): 77만

De Telegraf (네덜란드): 74만

La Republica (이탈리아): 73만

◆ 정기 주간물 (1992년)

ADAC Motorwelt (독일): 1,150만
News of the world (영국): 460만
Télé 7 jours (프랑스): 300만
TV Hör zu (독일): 270만
Sunday Mirror (영국): 270만
Kampioen (네덜란드): 260만
Bild am Sonntag (독일): 250만
TV Hören und Sehen (독일): 240만
Das Haus (독일): 230만
TV Sorrisi e Canzoni (이탈리아): 220만
Fernsehwoche (독일): 210만
Téléstar (프랑스): 200만

TV

유럽연합에는 1억6,100만 대의 TV 수상기가 있고, 50여 채널이
국영방송이다.

◆ 국영과 민영 채널

벨기에에는 TV 가운데 95%가 케이블에 연결된 반면, 프랑스에서

는 20%만이 연결되어 있다. 벨기에의 공영방송은 언어권에 따라 세
개로 나뉘어져 있다. 스페인의 제3방송에서는 자치주의자들 (카탈로
니아, 바스크, 갈리시아)에게 방송권이 할애되고 있다. 독일에서는
연방주마다 자체적으로 프로그램을 제작, 방송하고 있다.

◆ 공동정책의 개발

유럽연합에서는 1989년에 고화질 텔레비전 (HDTV)이 필립스, 톰
슨, 보슈, Thorn-EMI에 의해 공동으로 개발되었다.

◆ 위성방송의 정착

유럽에서는 위성을 통한 생방송이 1990년에 시작되었다. 1993년
1월 1일부터 방송되기 시작한 유로뉴스는 유럽연합 내의 39개 공영
채널에 정보와 관련된 프로그램을 배포하고 있다.

◆ 인구 100명당 TV 보급률 (1992년)

독일	56	아일랜드	27
오스트리아	48	이탈리아	42
벨기에	45	룩셈부르크	27
덴마크	54	네덜란드	48
스페인	40	포르투갈	19
핀란드	50	영국	43
프랑스	41	스웨덴	47
그리스	20		

◆ 칼라 TV의 시청료

스페인과 룩셈부르크에서는 시청료가 부과되지 않으며, 그리스나
포르투갈에서는 전기소비에 따라 차등적으로 부과된다.

◆ 시청료 (프랑, 1991년)

네덜란드	프랑스	아일랜드	이탈리아	영국	독일	벨기에	덴마크
502	552	558	565	685	769	1,013	1,281

◆ 1일 시청시간 (단위: 분)

덴마크	이탈리아	벨기에	독일	네덜란드	아일랜드	프랑스	스페인	영국
113	129	132	137	140	145	178	207	228

◆ 디지털 TV를 향하여

지난 10년간 유럽은 MAC 기술을 통해 선진 TV 시스템을 개발
했다. 625회선용 서비스에는 D2-MAC, HDTV (고화질 텔레비전)에
대해서는 HD-MAC (1,250회선, 1초당 50개의 이미지)이 이용된다.
그리고 인공위선과 케이블에서 모두 사용이 가능하다.
1993년에 공동체는 HDTV의 유럽규격 통용화와 아날로그 방식인

MAC 규격을 포기했다. 왜냐하면 미래의 TV는 전적으로 디지털 기술에 달려 있기 때문이다.

◆ TV 채널의 증가

2000년 초에는 유럽연합에서 방송되는 채널의 수가 580개가 되었다. 영국, 스페인과 스웨덴은 1998년에 디지털 서비스를 시작했다. 재방송 분야의 매출액은 연간 500억 유로를 웃돌고 있다.

국 가	공 영	수	민 영	수
포르투갈	Radiotelevisao Portuguesa (RTP)	3	TVI	1
영국	British Broadcasting Corp. (BBC)	3	ITC, Groupe de Presse 여러 채널	2
스웨덴	Kanal1, SV2	2	NT-TV4 (Nordisk Television)	1
독일	ARD, ZDF	5	SAT-1, Pro7	4
벨기에	RTBF, Télé2, BRT, TV2	4	RTL-TV indép., VTM	3
덴마크	Danmarks Radio (DR)	4	Kanal2 (유료)	1
스페인	Radiotelevision Espanola (RTVE)	6	Antena3, Canal+Esp. (유료)	3
프랑스	France2, France3, Arte (프-독)	3	TF1, La5, M6, Canal+ (유료)	4

국 가	공 영	수	민 영	수
그리스	Radio Télévision Hellénique (ERT)	3	여러 채널	
아일랜드	Radio Teletifis Eireann (RTE)	2		
이탈리아	Radio Television Italiana (RAI)	3	Fininvest (Berlusconi), TMC (C. Gori)	5
룩셈부르크			Compagnie Luxembourgeoise de Télévision (RTL-TV)	1
네덜란드	Fondatin Néerladaise de Radio-diffusion télévision (NOS)	3		

◆ Media Plus 프로그램

이 프로그램은 유럽연합이 제작하는 영화나 TV 방송물에 대해 재정지원을 하며, 연출과 배급을 독려한다. 또한 시청각 산업 (영화, TV, 비디오, 위성방송, 케이블 방송)에 관계하는 전문가간의 긴밀한 협력을 지원한다.

- 배급 (방송대사의 번역과 녹음, 자막을 넣는 작업을 지원한다)
- 제작 (시나리오 집필에 대한 지원도 한다)
- 연구 (시청각 분야의 직업을 위한 연구를 한다)

Media Plus 프로그램은 2000년에 4억 유로의 예산을 배정받았고, 나머지 부분은 보증 및 특별투자를 위한 유럽기금에 의해 충당되었

다. 1993년에 프랑스에서 제작된 144편의 영화 가운데 46편은 회원
국과 공동으로 제작되었다. 오늘날 유럽 국경을 넘어 외국시장으로
진출하는 영화는 20%에 불과하다.

◆ 유로뉴스 채널

위성을 통한 정보채널인 유로뉴스는 1993년 1월 1일에 시작되었
다. 유로뉴스는 유럽연합의 라디오방송 회원인 39개 공영 채널의 정
보 프로그램을 송신하며, 지중해 연안국과 동구를 포함한 유럽 전체
에서 수신할 수 있다. 프랑스 리옹에 본부를 둔 유로뉴스는 불어와
독어, 영어, 이탈리아어, 스페인어로 방송되고 있다.

◆ '국경 없는 TV'

미래의 TV는 디지털화되고, 상호작용이 가능해진다. 또한 케이블
하나로도 500개가 넘는 채널을 송출하게 될 것이다.

1997년에 '국경 없는 TV'에 관한 유럽강령은 공동체 내에서 TV
방송물의 자유로운 유통을 허용했다. 방송국은 방송시간의 20%까지
만 광고를 할 수 있고, 청소년의 보호에 관한 규정을 준수해야 한다.
담배 광고는 원칙적으로 금지되었다.

방송시간 가운데 뉴스나 스포츠, 오락, 광고, 문자 다중방송 등의
시간을 제외한 일정부분은 유럽 작품의 방영에 할당하도록 규정하고
있다. 유럽연합 내의 창작자나 시청각 종사자들은 유럽 문화의 보존
을 위해 방송 할당제를 옹호하고 있다.

통신과 유럽

1998년 1월 1일부터 통신의 전면적인 자유화가 시행되었다.

◆ 독점의 종결

지금까지 통신분야는 전통적으로 독점적인 특권을 부여받은 행정기관이나 기업에 의해 주도되었지만, 국경개방과 더불어 자유로운 경쟁체제가 도입될 수밖에 없었다. 1992년 11월부터는 회원국에서 인가된 통신시설 (전화, 팩스)이 공동체 내에서는 어디서나 상용화될 수 있다. 통신 서비스의 자유화는 1998년 1월 1일부터 본격적으로 시행되고 있다. 통신망의 개방과 통신선의 대여에 관한 공동규칙, 유성전화 서비스를 위한 최소한의 조건이 마련되었다. 또한 공동의 서비스가 가능할 수 있도록 하기 위한 여러 조항이 채택되었다. 국가면허의 상호인정과 단일화된 면허제의 도입도 논의의 대상이다. 1998년 1월 1일부터 개방된 통신망의 운영세칙을 따르는 하부구조의 자유화가 이루어지기 시작했다.

◆ 유럽 통신망을 향하여

소리와 이미지, 문자전달 등의 폭넓은 서비스를 지원하는 다기능망의 첫 단계라고 할 수 있는 RNIS (통합 서비스 디지털 망)이 범유럽 차원의 통신망으로 기능하게 되었다. 소피아-앙티폴리스에 위치한 RNIS는 표준화에 있어 '통신표준화를 위한 유럽연구소'가 정한 공동운영의 기준을 따르고 있다.

◆ 인터넷을 위한 원칙

멀티미디어 혁명을 원만하게 수행하기 위해서는 다음의 원칙들이 지켜져야 한다.

- 정보화 사회로의 이동은 시장원칙에 의해 움직여져야 한다.
- 보편적인 서비스와 공동체 내에서의 서비스간의 연결 보장해야 한다.
- 재정지원은 원칙적으로 민간부문에서 이루어져야 한다.
- 문화, 언어적 다양성을 보존하며 개인생활을 보호해야 한다.
- 여론과 경제주체를 대상으로 공감대를 형성해야 한다.
- 인터넷상의 불법적인 내용 (미성년 매춘, 마약, 총기, 수정주의 등)을 배척해야 한다.

유럽연합은 중소기업과 개인이 정보기술의 혜택을 받도록 하기 위해 1998-2002년에 2,500만 유로의 예산을 배정했다.

◆ 가장 큰 통신시장

유럽은 (유럽 경제구역 + 스위스, 체코, 슬로바키아, 슬로베니아) 지구상에서 가장 큰 통신시장을 이룬다. 유럽의 통신회사들은 1999

년에 이 분야 매출액의 **31.2%**인 **6,570억** 유로를 벌어들였다. 이는 미국 (**1,900억** 유로, **28.9%**)과 일본(**650억** 유로, **9.8%**)을 앞서는 수치이다. 하부구조에 있어서도 유럽은 선두를 달리고 있다.

◆ 우체국

우편업무 분야의 자유화는 2009년까지 계속될 것이다. 1999년에 유럽연합의 회원국은 다음의 강령에 동의했다.

- 어떠한 서비스를 자유화시킬 것인지, 그리고 15개국이 보편적 서비스를 담당하는 기관에 위임할 수 있는 서비스는 무엇인지를 규정한다.
- 새로 도입된 국제우편 서비스의 기준에 따라 일반적으로 우편물의 **85%**가 맡겨진 날로부터 3일 내에 도착하고, **97%**는 5일 내에 도착해야 한다.
- 최소한 1년에 한 번씩 독립기관에 의해 서비스의 질에 대한 감사를 받아야 한다.

◆ 유럽의 통신가격

평일 11시에 10분 동안 이루어진 시내통화 (3km 이내) 비를 유로로 환산 (부가가치세 포함)

(자료: 2001년 9월 11일)

국 가	1999년	2000년
벨기에	124.8	127.0
덴마크	102.2	104.1
독일	109.2	111.2
스페인	79.5	71.6
프랑스	106.6	107.6
아일랜드	122.8	130.1
이탈리아	59.5	64.6
룩셈부르크	93.8	95.5
네덜란드	80.1	76.2
오스트리아	202.3	163.4
포르투갈	67.7	59.9
핀란드	52.6	56.1
스웨덴	81.1	84.1
영국	165.0	167.9
미국	32.4	33.0
일본	105.4	114.6

교 육

유럽통합을 위해서는 무엇보다 젊은이들의 양성과 교육제도의 일치가 선행되어야 한다. 이를 위해 교육정보의 배포를 위한 **Eurydice** 망, 외국어 습득을 장려하기 위한 **Lingua** 프로그램, 청소년 교류를 지원하는 **Yes** 프로그램 등이 진행되고 있다.

◆ 학 생

서유럽에서는 출생률의 감소로 인해 초등학교에 입학하는 아이들의 수가 1971-1972년의 2,900만 명에서 86-87년에는 2,300만으로 줄어들었다. 네덜란드와 영국에서는 4살부터 초등학교에 입학할 수 있기 때문에 유치원에 입학하는 아동의 수가 점점 더 줄어들고 있다. 한편, 고등학교에서 여학생의 차지하는 비율은 점점 더 높아지고 있다. 15세의 모든 소녀에 대한 비율은 1970-1971년에 62%, 1984-1985년에는 94%까지 올라갔다.

◆ 공립과 사립

공립과 사립의 차이는 국가에 따라 다르다. 네덜란드에서는 사립이 단순히 사립교육이라는 의미를 갖는 데 반해, 이탈리아, 프랑스, 스페인에서는 사립이 종교학교인 경우가 많다. 아일랜드, 덴마크, 그리스와 같은 국가에서는 종교교육이 공립학교의 시간표에 짜여져 있다.

◆ 1990년에 사립기관에 다니는 학생의 비율 (%)

아일랜드	1.4	포르투갈	9.9
그리스	4.7	프랑스	18.6
룩셈부르크	5.2	스페인	36.8
독일	5.5	벨기에	57.7
이탈리아	7.3	네덜란드	73.2
덴마크	8.5		

◆ 의무교육의 구성

룩셈부르크	36주 (216일)	월 → 토 (아침)	30시간		5-15세
네덜란드	200-240	월 → 토 (초) 월 → 금(중)	22-25시간 (초) 24-32시간 (중)	60분	5-17세
포르투갈	175	월 → 토	22.5시간		6-15세
영국	195	월 → 금	25시간	35-40분	5-16세
이탈리아	200-210	월 → 토	24-30시간 (초) 30시간 (중)	50분	6-14세

◆ 교육자의 수 및 여성의 비율 (1990년)

	1000명당 교육자의 수	교육자 가운데 여성의 비율 (%)
덴마크	7.91	41.2
이탈리아	4.83	72
벨기에	4.73	57.4
룩셈부르크	4.71	74.8
아일랜드	4.43	61.6
영국	4.03	58.8
네덜란드	3.98	38.1
그리스	3.77	51.2
독일	3.56	-
프랑스	3.09	63.1
스페인	-	58.5
포르투갈	-	-

대학교육

1975-1976년에는 대학생의 수가 540만 명이었는데, 1991-1992년에는 1,000만 명을 기록했다. 유럽연합은 COMETT 프로그램과 ERASMUS 프로그램을 가동시키고 있다. COMETT은 대학과 기업간의 협력을, ERAMUS는 회원국간의 학생교류를 후원하는 프로그램이다.

◆ 고등 교육기관으로의 접근

중·고등 과정을 수료한 학생은 졸업시험에 합격하면, 누구나 상위의 교육기관에 들어갈 수 있다. 프랑스의 바칼로레아, 독일의 아비투어를 예로 들 수 있다. 벨기에나 덴마크, 영국, 스페인, 그리스에서는 고등 교육기관으로 들어가기 위해 입학시험을 치러야 한다. 스페인과 그리스의 경우에는 대학진학을 위해 1년간의 준비과정을 마쳐야 한다. 룩셈부르크에는 대학이 없기 때문에 학생들은 주로 프랑스와 독일의 대학으로 진학한다.

◆ 교육비 (국내총생산에 대한 비율)

네덜란드	6.9	이탈리아	5.7
아일랜드	6.7	영국	5.2
덴마크	6.6	독일	4.6
룩셈부르크	6.4	포르투갈	4.2
벨기에	6.1	스페인	3.3
프랑스	5.8	그리스	2.4

◆ 100명의 남학생 대비 여대생의 수

룩셈부르크	65	벨기에	85
네덜란드	66	그리스	90
독일	71	스페인	93
영국	76	덴마크	98
이탈리아	82	프랑스	99
아일랜드	84	포르투갈	101

◆ 유럽에서 공부하다

유럽에서 1000명 가운데 고등교육을 받는 학생의 수는 39명으로 일본의 66명, 미국의 79명에 비해 현저한 차이를 보인다. 학생의 이동교육, 청소년 연수, 언어습득 등이 공동체 교육정책의 핵심을 이루고 있다.

직업연수나 취업을 준비하기 위해 학업을 지속하려고 하는 학생은 어느 회원국에서나 동일한 조건으로 공부할 수 있다. 국적 때문에 입학조건이나 입학금이 차등적으로 부과될 수 없다. 직업교육과 직접적인 관계가 없는 일반학문을 계속할 경우에는 직업교육으로 간주되지 않기 때문에 별로 혜택이 주어지지 않는다.

◆ 학업의 인정

1991년 1월부터는 최소 3년 동안 직업연수를 수행한 고등교육의 학위가 상호 인정받게 되었다. 즉, 공동체의 한 국가에서 직업 자격증을 취득한 자는 다른 회원국에서 동일한 직업활동을 할 수 있다.

학업기간에 관한 인정제도가 정착되지는 않았지만, 대략적으로 두 가지 방향이 설정되어 있다.

- 1984년에 '학업인정 관련 국가정보 센타 망'이 설립되었다. 일반적으로 문교부에 속한 서비스를 담당한다.
- 1989/90년 학기부터는 공동체 프로그램인 Erasmus의 테두리에서 학점 공동인정 제도를 시행하고 있다. 예를 들어, 독일에서 한 학기나 1년 동안 공부한 프랑스 학생은 프랑스 대학에서도 학점을 인정받는다.

◆ 학생을 위한 조언

유럽 대학의 입학요건이 수록된 '공동체 학생의 가이드 북'이 유럽연합 사무국에 비치되어 있다.

체류 자격을 얻기 위해서는 다음의 세 가지 조건을 충족시켜야 한다.

- 직업교육을 지속하기 위해 인증된 기관에 등록해야 한다.
- 재정적으로 문제가 없다는 사실을 입증해야 한다.
- 체류할 국가의 의료보험에 가입해야 한다.

◆ Erasmus와 Lingua

Erasmus 프로그램은 1987년부터 학생들의 교류와 대학간의 협력을 목적으로 시작되었다. 다양한 장학금 제도와 대학간 협력 프로그램이 시행되고 있다. 지금까지 1,300개의 고등 교육기관에서 2,000개의 협력 프로그램이 진행되었다. 공동체 내에서 50여만 명의 대학생과 30,000명이 넘는 교사들이 일정한 기간 동안 외국에서 학업을 계속할 수 있었다.

1990년부터 시작된 Lingua 프로그램을 통해 학교간 프로젝트의 테두리에서 15세에서 25세 사이의 학생 8만 명이 외국에서 언어를 익히고, 45,600명에 이르는 교사들이 외국연수를 받았다.

Erasmus와 Lingua 프로그램이 성공적으로 진행되고는 있지만, 신청자 가운데 1/5만이 이 프로그램에 참가할 수 있었다. 그래서 1995-1996년부터 Socrates라는 새로운 프로그램이 가동되기 시작했다.

영어가 공동체 내에서 가장 많이 사용되는 언어 (36%)이고, 그 다음으로 불어 (26%), 독일어 (19%), 이탈리아어 (13.6%), 스페인어 (13%)의 순이다.

유럽과 청소년

유럽연합의 인구 가운데 15-25세의 청소년이 6천만 명을 헤아린다. 통계에 따르면, 이들 가운데 30%는 자신이 태어난 국가를 한번도 떠난 적이 없다.

◆ 프로그램 '유럽을 위한 젊은이'

1988년에 공동체는 '유럽을 위한 젊은이'를 발족시키고, 2000-

2007년에 5억 2,000만 유로를 지원하기로 했다.

이 프로그램은 5개의 축으로 되어 있다.

- 프로그램 네트워크의 지원: 청소년 교류, 수학여행, 지역별 혹은 지방별 프로젝트를 진행한다. 여기에는 연극이나 오케스트라 연주, 예술 전시회, 다른 회원국에서의 봉사활동 등이 포함된다.
- 젊은 지도자의 양성: 연수, 세미나, 학술방문 등이 있다.
- 구조적인 협력: 청소년과 연관된 조직이나 단체간의 파트너망을 구축한다.
- 제3국과의 협력: 공동체 외부의 청소년들, 특히 동구권이나 라틴 아메리카, 지중해 연안국의 청소년들에 대한 이해를 돕는다.
- 청소년에 관한 정보의 공유: 정보 및 노하우 교환, 젊은이를 위한 미디어망의 확충, 청소년을 위한 정보 센터, 데이터 뱅크, 유스호스텔 등의 네트워크를 정착시킨다.

◆ 청소년 취업을 위한 Youthstart 프로그램

학위나 자격증 없이 교육 시스템을 떠나는 청소년은 고용시장에서 어려움을 겪기 마련이다. 이러한 문제를 해결하기 위해 공동체는 유럽구조기금의 테두리에서 **Youthstart** 프로그램을 가동시켰다. '유럽 지원 서비스' 활동은 1996년부터 18-25세의 청소년들이 외국에 체류 (6-12개월)하면서 자발적으로 현지 프로젝트에 참여할 수 있는 기회를 제공하고 있다.

◆ 청소년 카드

청소년 카드는 20여만 명의 유럽 청소년들에게 특전을 부여하고 있다. 26세 미만의 청소년은 직업에 상관없이 이 카드를 발급받을 수 있다. 이 카드를 휴대한 청소년에게는 문화 (박물관, 연극, 영화), 스포츠 (축구경기), 상업 (자동차 대여) 등의 분야에서 많은 특전이 주어진다.

- 프랑스: 청소년 카드로 박물관에서 **50%**의 할인, 국내선에서 **60%**의 할인, 축구경기에서 **50%**의 할인을 받을 수 있다.
- 벨기에: 여행, 연극이나 영화관람, 박물관에서 할인혜택이 주어진다.
- 스코틀랜드: 여행. 자동차 대여나 대중교통의 이용에 많이 쓰인다.
- 스페인: 기차여행에서 **30%**의 할인혜택이 주어진다.
- 룩셈부르크: 문화와 스포츠 행사에서 **50%**의 할인이 가능하다.
- 네덜란드: 이 카드만 있으면 박물관은 무료로 관람할 수 있다. 영화나 연극, 발레는 **80%**나 할인된다.
- 포르투갈: 국내선을 탈 때는 **50%**, 박물관에 입장할 때는 **75%**가 할인된다.

◆ 청소년 교류의 일환으로 방문한 국가의 비율 (%)

국가	비율	국가	비율
영국	32	벨기에	3
프랑스	27	그리스	3

국가	비율	국가	비율
독일	18	아일랜드	2
스페인	10	덴마크	1
이탈리아	5	룩셈부르크	1
네덜란드	4	포르투갈	1

학위의 인정

1991년 1월 4일부터 고등 교육기관에서 발급하는 학위의 상호인정 제도가 정착되었다.

전문적인 경험을 바탕으로 하는 '장인' 직종은 상호인정 제도의 대상이 된다. 식당업이나 주점, 호텔업, 식품공업, 음료제조, 석탄 및 유독제품 도매상, 보험업, 미용사 등이 이에 해당된다. 고등교육이 필수적인 의료업이나 건축 등의 분야는 부문별 강령에 따라 학위의 상호인정이 이루어지고 있다.

바칼로레아+3 ('Bac+3')라고 불리우는 강령이 채택되었는데, 이는 3년 동안 고등교육을 받았다는 사실을 증명하는 학위를 가지고 행할 수 있는 모든 직업활동에 관한 강령이다. 1991년 1월 4일부터 발효된 이 제도는 회원국간의 신뢰와 교육수준의 조화로운 일치를 바탕으로 한다. '바칼로레아+2'는 1994년 6월 18일부터 시행된 강령으로 그 기본원칙은 'Bac+3'과 동일하다. 바칼로레아를 마친 뒤로 2년 동안 고등교육이 행해지며, 전문적인 직업교육이 포함된다. 안경 전문가나 웨이터 등이 이러한 범주에 속한다.

유럽연합의 집행위원회는 고용이 가능한 직업에 관련해 14개의 등록명부를 발간하고 있다. 하지만 의무조항이 아닌, 참고자료일 뿐이다.

- 호텔 / 레스토랑
- 자동차 정비
- 건축
- 농업
- 직물 / 옷
- 농산물 가공
- 행정직 /은행 / 보험
- 화학
- 관광 / 여가
- 수송
- 토목
- 가죽
- 그래픽 아트 및 미디어
- 목재

◆ 프랑스와 독일간의 학위인정

프랑스와 독일은 1980년에 특별협정에 조인했다. 이 협정은 과학, 예술, 인문과학, 그리고 부분적으로 경제와 행정, 정치, 과학과 법 등의 학문분야에 있어 학위 및 학업기간의 인정에 관한 사항을 규정하고 있다.

프랑스 학위	독일 학위
바칼로레아: 독일 대학 첫 학기 등록가능	Deutsche Hochschulreife: 프랑스 대학 1년차 등록 가능
대학 1년차: 독일 대학 3학기	첫 2학기: 프랑스 대학 2년차
DEUG: 독일 5학기	Zwischenpruefung, Vordiplom이나 그에 상응하는 과정: 프랑스 대학3년차
Licence: 독일 7학기	Zwischenpruefung +2 Hauptseminarscheine나 그에 상응하 는 과정; 4년차
Maitrise: 독일 대학원 과정	Magister, Staatsexamen이나 Diplom: 프 랑스 대학원 (3e cycle)

유럽인의 양성

유럽연합은 미래의 일꾼을 키우기 위한 다양한 프로그램을 개발하
고 있다.

◆ 교육과 인재양성 시스템의 취약점

- 유럽연합에서는 젊은이들 가운데 **42%**가 대학과정의 학위를 얻
  는 데 비해, 미국은 **75%**, 일본은 **90%**나 된다.
- 지속적인 교육 시스템의 개발이 불충분하다.
- 학위의 상호인정 제도가 효율적으로 가동되지 못하고 있다.

- 열린 교육, 원거리 교육을 위한 유럽망이 제대로 갖추어져 있지 않다.

◆ 다양한 지원

유럽 연합은 마스트리히트 조약에 의거해 다음의 역할을 담당한다.

- 교육과 연수를 유럽 차원에서 강화한다.
- 연속적인 연수와 연수를 위한 지원 시스템, 노동시간의 유연성 과 감축방안을 동시에 수행할 수 있는 정책적인 틀을 마련한다.
- 연수정책에서의 장기적인 목표와 필수적인 사항을 명시한다.
- 조세를 감면함으로써 교육을 지원한다.
- 실업수당 지급 시스템을 통해 교육연수에 보다 많은 투자가 이 루어지도록 한다.
- 청소년에게 주어지는 연수자금을 일반화시키고, 다용도로 확대 할 수 있는 시스템을 정착시킨다.

◆ 장학금

유럽 학생들 가운데 10%가 다른 회원국에서 학업을 계속할 수 있도록 하기 위해 공동체는 소크라테스 프로그램을 통해 학생 1인당 연간 최고 5000유로의 장학금을 지급하고 있다. 이 프로그램은 대학 간에 협정이 있는 경우에만 가능하다. 외국에서의 학업기간 (최소 3 개월에서 최고 1년)은 원래 소속된 대학에서 인정받는다. 장학금을 받기 위해서는 적어도 대학의 교양과정 (DEUG의 소지자)을 성공적으로 마쳐야 하며, 자신이 공부할 국가의 언어를 구사할 수 있어야 한다.

◆ 소크라테스

- 유럽연합은 열린 교육, 수준 높은 교육을 창출하기 위해 2000-2007년에 18억 5,000만 유로를 투입하고 있다.
- Erasmus 프로그램을 이어받아 유럽 차원으로 고등교육을 확대하고, 대학간의 연결망을 구성하며, 학생교류를 위한 장학금을 늘려나간다.
- 교육 프로젝트의 공동실현을 위해 각 회원국에 소속된 교육기관 간의 자매결연, 정보교환과 새로운 교육도구의 활용을 위한 주제별 정보망을 추진한다.
- 유럽 언어의 습득, 원거리 교육, 열린 교육, 교육과 경험의 교류를 지원한다.

◆ 레오나르도 다빈치

공동체 내에서의 또 다른 5개년 계획 (1995-1999년)으로서 유럽 차원의 연수체계를 구축하기 위한 프로그램이다. 레오나르도 다빈치 프로그램은 2000-2007년에 10억 유로가 넘는 예산을 지원받았다.

- 시행되는 연수활동이 산업과 기술의 변화에 부응할 수 있도록

　　지원한다.
- 회원국의 활동을 장려하기 위해 연수방식을 개선하고, 국가간의
　　취직을 알선하며, 연수기관의 유럽 망을 조직한다.

◆ 2006년은 유럽 언어의 해

　　2001년부터 유럽연합의 지원으로 회원국들이 학술회의, 정보 캠페인 등 다양한 행사를 벌이고 있다.

유럽의 연구환경

　　유럽연합은 미국이나 일본과 같은 경쟁국에 맞서기 위해 공동의 노력을 기울이고 있다. RDT (연구, 기술개발 및 실증 프로그램)의 목표는 기업이나 연구소, 대학간의 공동계획을 지원하고, 이들의 연구의욕을 고취하며, 나아가 '유럽 차원의 과학기술 공간'을 창조하는 것이다. 유럽연합은 5년 (1998-2002년)에 걸쳐 진행된 프로그램에 149.6억 유로를 투입했다.

◆ 제1활동: RDT의 특별 프로그램

　　RDT의 새로운 프로그램이 160억 유로의 예산을 할당받아 2002년부터 2006년까지 추진될 것이다. 우선권을 부여받은 연구분야는

건강분야의 유전공학과 생명공학, 정보사회를 위한 기술, 나노 테크
놀로지, 인공지능, 항공술과 우주, 지속가능한 발전과 지구의 변화,
필요한 기초과학과 기술의 예측, 국제협력 등이다. 또한 이 프로그램
은 회원국에서의 국가 프로그램망의 구축을 지원한다.

  연구의 진작은 다음의 여러 주제를 축으로 특별 프로그램에 의해
실현된다.

- 삶의 질과 생명자원의 관리 (24억 유로): 식품, 영양과 건강, 전
  염성 질병의 치료, 환경과 건강문제, 농업, 수산업과 임업의 지
  속적 관리, 인구층의 노령화에 대한 대책방안
- 인간공학과 정보사회 (36억 유로): 시민을 위한 시스템과 서비
  스, 새로운 방법의 전자작업 및 상거래, 멀티미디어 도구 및 내
  용, 기본적인 하부구조와 기술에 관련된 사업
- 지속적인 산업성장 (27억 유로): 혁신적 제품과 구조 및 공법,
  지속적 변화, 지상과 해상 수송기술, 항공술
- 에너지, 환경과 지속가능한 발전 (31억 유로): 수질의 유지와 개
  선, 기후와 생물의 다양성, 해양 생태계의 지속적인 관리, 내일
  의 도시와 문화유산에 관련된 내용, 대체 에너지원, 경제적이고
  효율적인 에너지, 핵융합, 핵분열 등에 관한 분야

◆ 제2활동: 국제협력 (4,750억 유로)

  목표는 동유럽국의 기술적인 잠재성을 일깨우고, 개발도상국이 개
별적인 문제를 해결할 수 있도록 도와주는 것이다. 비유럽국인 다른
국가가 노하우를 접할 수 있도록 지원해주는 것도 포함되어 있다.

◆ 제3활동: 연구결과의 배포와 가치부여 (3,630억 유로)

목표는 유럽에서의 연구결과를 제대로 활용할 수 있게 만들고, 산업체에 의해 상업화될 수 있도록지원한다. 특히 중소기업으로의 기술이전이 촉진된다.

◆ 제4활동: 연구인의 교류 (13억 유로)

목표는 서로 다른 국가에 소속된 연구팀들이 고도의 기술에 관한 프로젝트를 공동으로 추진할 수 있도록 장려하며, 연구인들의 연수와 분야간 이동 (연구교류 장학금, 연구소간 자매결연 등)을 지원한다.

◆ CCR (공동연구센터)

유럽연합의 실험실이라고 할 수 있는 CCR은 5개 지역 (이탈리아의 이스프라, 독일의 카를스루에, 벨기에의 겔, 네덜란드의 페텐, 스페인의 세비야)에 8개의 전문 연구소를 두고 있다. CCR은 특정한 주제를 연구하며, 유럽 정책의 원만한 이행을 지원한다.

◆ 유레카

1985년에 시작된 유레카를 통해 공동체는 공공분야뿐 아니라, 민간 분야에 있어서도 미래의 기술을 개발하고 활용할 수 있게 되었다. 유레카는 유럽연합의 비회원국인 아이슬란드, 노르웨이, 스위스, 터키를 공동체와 연결해준다. 유레카의 라벨을 얻기 위해서는 최소한 2개국이 공동으로 참여해야 하고, 공동체 내의 시장을 대상으로 해야 한다.

8. 유럽의 문화와 문화정책

I. 유럽의 통합과정

  프랑스인 아리스티드 브리앙과 독일인 구스타프 슈트레제만은 폭력을 지양하고 양국의 우호관계를 증진시킨 공로를 인정받아 1926년에 노벨 평화상을 수상했다. 브리앙은 유럽연방을 주창했고, 독일의 외무장관 슈트레제만이 그의 제안에 동의했다. 하지만 곧이어 터진 세계적인 경제공황과 나치의 등장으로 그 꿈이 실현되지는 못했다. 쿠덴호베-칼레르기의 '범유럽운동'도 실패로 돌아갔다. 2차대전이 종결된 뒤로 유럽의 항구적인 평화를 보장할 수 있는 제도적인 장치의 마련이 시급했다. 그러기 위해서는 유럽의 통합이 경제공동체가 아닌, 가치공동체로서의 존재의미를 얻어야 했다.

  1948년에 공포된 '인권에 관한 일반선언'의 27조에는 문화에 대한 권리가 포괄적으로 담겨져 있다. 유럽연합의 기본권헌장 제1조에는 "인간의 존엄성은 훼손될 수 없다"고 명시되어 있다.

  1940년 5월, 영국 수상 윈스턴 처칠은 처음으로 유럽평의회에 관한 구상을 피력했다. 전쟁이 끝난 직후인 1946년에는 취리히에서 행한 연설에서 '유럽합중국'의 건설을 역설했다. 그것은 미국과 소련의 양대구도에서 '제3의 힘'으로 자리매김하기 위한 시도이기도 했다. 유럽평의회의 아버지라고 할 수 있는 처칠은 1948년 5월 7일에 헤이그에서 개최된 유럽의회에서 유럽의 정치통합을 주창했다. 이 회의가 '유럽운동'과 유럽평의회의 시발점이 되었다. 1949년 1월 28일, 브뤼셀 조약에 의거해 스트라스부르에서 유럽평의회의 설립이 의결되었고, 1949년 8월 8일에 유럽평의회가 정식으로 설립되었다.

전후 독일의 입장에서 볼 때, 유럽은 독일의 재건과 평화적인 공존을 담보할 수 있는 하나의 돌파구였다. 아데나우어와 드골로 대변되는 독일과 프랑스의 친선관계는 유럽연합의 가장 중요한 전제조건이었다. 1950년 6월 15일, 서독은 유럽평의회에 가입했다. 1990년 12월에 빌리 브란트가 통일독일의 연방의회에서 행한 연설에서도 보여지듯이 유럽이 없었다면 독일의 통일도 없었을 것이다. 독일의 문화정책 또한 유럽이라는 환경과 떼어놓을 수 없다.

II. 유럽평의회와 유럽의 문화

(1) 유럽의 새로운 시작

독일이 항복한 지 4년 뒤인 1949년 5월 5일, 서유럽 10개국이 런던에서 '유럽평의회 설립문서'에 서명했다. 독일은 1949년 5월 24일에 기본법을 발효시켰고, 1951년에 유럽평의회의 회원국이 되었다. 유럽평의회는 유럽의 자유민주주의, 인권 등의 기본가치를 수호하고, 공동의 이상을 실현하며, 유럽의 문화유산을 보존하기 위한 기구라고 말할 수 있다.

유럽평의회가 공포한 최초의 헌장인 '인권과 기본자유 보호협정'이

1953년 9월에 발효되었다. 1954년에는 파리에서 유럽 최초의 공동문화협정이라고 할 수 있는 '유럽문화협정'이 체결되었다. 이 협정의 핵심은 '다양성 속의 단일성'으로서 회원국들의 언어와 역사, 문명을 연구하고, 공동의 문화유산을 보호, 확대하려는 의지를 담고 있다.

유럽평의회는 오늘날까지도 유럽의 문화정책을 주도하는 가장 중요한 기관 가운데 하나이다. 1969년에 설립된 유럽의 '자치단체와 지역 회의'도 문화정책에 있어 매우 중요한 위치를 차지하고 있다. 의회 차원에서는 '유럽평의회 의회의 문화와 교육을 위한 위원회'가 구성되었다. 1979년, 유럽의회가 직선으로 선출된 뒤로는 '유럽의회의 청소년, 문화, 교육, 정보, 스포츠 위원회'가 활동하고 있다. 1961년에 설립된 '문화협력위원회'는 유럽평의회 회원국들간의 문화협력을 증진시키기 위한 기구이다. 특히 문화유산의 보존과 발전, 교육권의 확대, 언어능력의 향상 등이 추구되었다. 70년대 후반에는 유럽의 문화헌장에 관한 논의가 활발하게 전개되었다. 1959년에 처음 개최된 '유럽 문화장관 회의'는 오슬로와 아테네, 룩셈부르크 회의를 거치면서 지속적으로 유럽평의회의 문화정책을 표방했다. 1984년에 베를린에서는 문화를 '인간의 존재와 행위를 중재해주는 가치의 총체'로 규정했다.

민주주의와 인권, 문화의 다양성을 지키기 위한 유럽평의회의 노력이 없었더라면, 중부유럽과 동부유럽은 유럽연합의 문턱에 들어서지도 못했을 것이다.

(2) 유럽의 문화정책

유럽의 문화정책과 유럽평의회는 불가분의 관계에 놓여 있다. 특히 1972년, 아르크 에 세낭에서 개최된 회의는 '미래와 문화발전'을 통해 유럽의 미래에 대한 비전을 제시하는 데 상당한 기여를 했다. 이 자리에서 에드가 모랭, 게오르크 피히트, 로베르트 융크, 앨빈 토플러 등과 같은 지식인들과 미래학자들은 이윤추구와 경제발전, 과학기술의 진보가 궁극적으로 산업사회의 몰락을 가져올 것이라고 예감했다. 따라서 이를 위해서는 무엇보다 문화작업이 선행되어야 한다고 주장했다. 이들은 유럽의 문화정책이 표현의 다양성을 위한 전제조건을 보장하고 발전시켜야 한다는 데 의견을 같이 했다. 또한 새로운 문화정책을 통해 창의성과 사회문화적인 환상을 키우려고 했다. 니콜라우스 좀바르트는 '통일된 유럽이 아니라 정신적인 유럽'의 필요성을 역설한 바 있다.

1971년 5월, 카를로 슈미트는 스트라스부르에서 개최된 유럽평의회 자문회의에서 유럽공동체의 양적인 팽창과 기술발전을 경계하면서 '법과 문화의 원초적인 영역'을 강조했다.[1]

(3) 문화 민주주의

70년대 초반, 유럽평의회에서는 '확장된 문화개념'이 등장했다. 이제 문화는 일상적인 삶과 불가분의 관계에 놓이게 되었다. 1973년에 개최된 '독일 도시회의'는 성장 위주의 도시정책이 도시형태와 도시생활의 부조화를 초래한다고 지적하면서 도시발전의 요소로서의 교육과 문화를 내세웠다.[2] 도시정책에 있어서는 무엇보다 '유지하는 개혁'이 화두였다. 1975년에 유럽평의회는 '우리의 과거를 위한 미래'라는 주제 아래 기념물을 보호하기 위한 정책을 수립했다. 소시

---

1) Vgl. Horst Ferdinand (Hrsg.): Reden, die die Republik bewegten. Freiburg im Breisgau 1988, S.390ff.
2) Vgl. Wege zur menschlichen Stadt. Köln 1973, S.91ff.

민이나 청소년, 주변집단에 속한 시민들을 위해 문화공간으로 '시청' 대신에 '시민의 집'이 자리매김하기 시작했다.

1976년에 창립된 '문화정책 학회'는 문화정책이 사회정책이라는 새로운 문화정책을 표방했다. 1981년, 프랑스 대통령 프랑수아 미테랑은 경제적인 진보가 문화적인 목적에 부합되어야 한다고 역설했다: "문화는 발전과 진보의 원천으로서 존중되어야 한다... 사회의 모든 영역과 행위에 현존하고 감지될 수 있는 것이 바로 문화의 소명이다."[3] 최근에 유럽평의회는 '유럽, 공동의 유산'(2000)이라는 캠페인을 통해 기념물 보호에 앞장서고 있다.

(4) 사회정책으로서의 문화정책

1976년, 유럽평의회의 오슬로 회의에서 유럽의 문화장관들은 '문화정책이 곧 사회정책'이라는 입장을 표방했다. 그리고 유럽의 문화정책에 있어 네 가지 주요과제를 열거했다. 첫째, 문화정책은 '사회의 정치적인 요구'에 부응해야 한다. 둘째, 삶의 질을 향상시키기 위해서는 다양한 대안적인 문화가 제공되어야 한다. 셋째, 문화활동에 종사하는 사람들에게는 사회보장과 노년대책이 마련되어야 한다. 넷째, 문화정책은 정치적인 개혁매체로서 이해되어야 한다는 것이다.

오슬로 회의는 독일의 문화정책과 '문화민주주의'에도 지대한 영향을 미쳤다. 1976년에 독일 함부르크-알토나에서 '원칙선언'이 발표되었다. 1996년에는 '하겐 선언'이 발표되었고, 1998년에 에센에서 선보인 새로운 문화 프로그램에는 유럽의 문화정책이 국경을 초월하는 문화와 예술교류를 촉진시키는 한편, 국가적, 지역적 전통을 결합

---

3) Olaf Schwencke: Das Europa der Kulturen - Kulturpolitik in Europa. Bonn 2001, S.79.

시켜 유럽의 문화적 정체성을 확립하려는 노력이 담겨져 있다.

1981년에 아테네에서 개최된 유럽문화장관 회의에서는 문화정책에 있어서의 실질적인 '요구목록'이 구체화되었다. 이 회의에 참석한 장관들은 경제성장 자체가 궁극적인 목적이 될 수 없으며, 인간과 문화의 진보를 위해 투자되어야 한다는 데 의견의 일치를 보았다. '문화의 정치적인 영역'이라는 관점에서 문화는 전통적인 유산으로서가 아니라, 사회의 변화과정의 중요한 동인으로 인식되었다.

1982년 5월, 룩셈부르크에 모인 유럽의 문화장관들은 '유럽에서의 문화협력에 관한 보고서'를 작성했다. '룩셈부르크 보고서'에는 삶과 노동의 사회문화적인 영역에서의 문화정책적인 목적이 구체적으로 잘 드러나 있다. 이 보고서에 따르면, 문화발전은 정치, 경제, 사회, 교육정책과의 연계 속에서 가능하며, 문화는 사회변화의 동인으로 받아들여져야 한다.

1982년에 유럽평의회가 구상한 '스트라스부르 초안'은 문화영역 안에 교육, 의사소통, 학문, 노동, 여가, 생태에 관한 사회정책을 포함시켰다. 이미 1949년에 로잔에서 개최된 유럽평의회의 문화회의에서는 삶과 연계된 문화개념이 피력되었다. 문화는 삶과 노동, 여가, 인간관계에 의미를 부여하는 가치로 규정되었다. 그것은 보존되어야 할 지적 유산뿐 아니라, 공동의 삶의 형식으로서의 문화라는 포괄적인 개념인 것이다.

(5) 유럽평의회의 문화전략

1999년 5월 8일, 스트라스부르에서 유럽평의회가 50주년 기념식을 거행했다. 1999년은 전후유럽의 중요한 협정 가운데 하나인 문화협정이 체결된 지 45주년이 되는 해이기도 했다. 문화협정은 유럽의 교육, 문화, 기념물보호에 있어 매우 중요한 의미를 지닌다. 이 협정에 따르면, 서명국들은 유럽의 문화유산을 보호하기 위해 노력해야 하며, 유럽의 언어와 역사, 문명의 연구를 후원하고, 상호간의 문화적인 이해를 도모하며, 문화종사자들과 문화재의 교류 내지 교환을 지원하고, 공동의 문화유산으로서의 문화재의 접근과 감상을 지원해야 한다. 현재 문화협정에는 유럽평의회의 회원국인 41개국뿐 아니라, 모나코, 아르메니아 등 6개국을 포함해 모두 47개국이 가입해 있다.

1993년의 '빈 선언'에 의해 구성된 '문화 전문위원회'는 유럽에서의 비교문화적인 연구의 지원, 문화경영인과 예술가의 양성, 오디오-비디오 매체, 정보기술의 발전, 유럽의 문화여행, 미술전시회 등의 프로젝트를 수행하고 있다. 또한 유럽평의회는 '빈 선언'을 통해 유럽의 가치사회를 규정짓는 민주주의와 법치주의, 인권을 다시금 강조했다. 유럽평의회는 동서냉전의 정치환경에서도 꾸준하게 동부유럽과 중부유럽의 인권과 문화에 관한 지원 프로그램을 추진해 왔다. 유럽평의회의 주요정책은 인권의 보장, 사회의 민주화, 문화적인 다양성의 보존 등이다. 유럽평의회의 거의 모든 신규회원국들이 문화협정을 비준했는데, 인권협정과 문화협정은 유럽공동체의 정체성을 확보하는 두 개의 중심축이라고 할 수 있다.

1997년에 스트라스부르에서 개최된 유럽평의회는 유럽의 변화에 맞추어 민주주의의 발전을 위한 상호협력에 주안점을 두었다. 이 회의에서는 상호이해와 신뢰증진을 위한 문화와 교육의 중요성이 새삼 부각되었고, 문화유산과 자연유산의 보존과 더불어 '청소년교육'이 주요현안으로 등장했다.

1999년 5월, '부다페스트 선언'은 민주주의 제도를 안정시키고, 유럽의 정치, 법률, 사회, 문화에 있어서의 상호협력을 강화하는 내

용을 담고 있다. 또한 새로운 정보기술이 문화적인 다양성과 인권존
중의 토대 위에서 추구되어야 한다고 강조했다. 문화협정이 체결된
지 45주년을 기리는 이 회의에서 "교육적, 문화적인 차원이 유럽에
서 가장 중요한 도전 가운데 하나이며, 민주적인 시민사회의 초석"[4]
이라고 규정되었다.

1998년 이래로 '인종주의와 배타주의를 관찰하기 위한 유럽국'이
빈에서 활동을 시작했고, 1999년 초에 이미 행동강령을 발표했다.
이 기구는 '인종주의와 비관용을 척결하기 위한 유럽위원회'와 더불
어 유럽의 인권신장과 문화발전에 지대한 공헌을 했다.

이처럼 유럽평의회는 아르크 에 세낭에서부터 부다페스트에 이르
기까지 유럽 차원에서의 지속적인 인권과 문화정책을 추진해 왔던
것이다.

III. 유럽기구의 문화정책

(1) 유럽의회와 문화정책

유럽평의회의 문화정책은 유럽의 정체성을 고양시킴으로써 문화민
주주의가 한층 더 발전할 수 있다는 인식을 전제로 하고 있다. 1957
년에 체결된 '유럽 경제공동체의 설립에 관한 조약', 즉 로마 조약에
는 문화에 관한 규정이 들어 있지 않았다. 1969년과 1972년, 1973
년에 개최된 'G7 정상회담'에서 각국의 정상들은 유럽시민의 정체성
이 결여되어 있다는 우려감과 문화에 대한 중요성을 표명했다. 그리

---

4) Raymond Weber: Die Kulturkonvention - Klammer und Instrument. In:
   Europäische Zeitung v. November 1995, S.19.

고 70년대 중반에 들어서면서부터 문화와 교육에 관해 언급되기 시작했다.

유럽의회는 문화에 관한 실질적인 해답을 제시하려고 노력했다. 1979년, 유럽의회에는 '청소년, 문화, 교육, 정보, 스포츠 위원회'가 구성되었다. 그리고 몇 년 뒤에 문화에 관한 '판티 보고서'(1983)가 유럽의회에 제출되었는데, 이 보고서에는 실용적인 문화정책이 담겨 있었다. 1983년 11월, 유럽의회는 유럽공동체의 예산 가운데 1%를 문화정책에 투자해야 한다는 입장을 피력했다. 또한 유럽공동체의 회원국도 동일한 퍼센트를 유럽의 문화정책에 지원하도록 촉구했다. 유럽의회는 플로렌츠에 유럽 대학연구소를 설립하는 과제와 문맹률을 낮추는 과제 등을 논의했고, 건축유산의 보존, 도서가격의 정찰제, 유럽영화의 미래, 유럽의 매체정책, 유럽의 교육에 관해 폭넓은 의견을 수렴했다.

1985년, 유럽의회는 유럽평의회와 공동으로 '유럽 음악의 해'를 성공적으로 개최했다. 청소년, 문화 위원회는 유럽의회의 차원에서 문화정책을 발전시켜 나갔고, 정부 차원에서는 '겐셔-콜롬보 발의'가 '슈투트가르트 선언'(1983)으로 이어졌다.

1974년에 '탱트망 보고서'는 유럽재단의 설립을 제안했다. 1982년에 유럽의 10개국 정상들은 유럽재단의 설립에 관해 다시금 의견을 교환했다. 이들은 청소년정책, 대학교류, 문화와 정보 등을 유럽재단이 후원해야 한다는 입장을 밝혔다. 하지만 유럽의회는 '슈벵케 보고서'(1983)를 통해 유럽재단의 설립을 강력하게 반대했다. 그것은 새로 설립되는 유럽재단이 유럽의회의 영향력에서 벗어날지 모른다는 의구심 때문이었다. 유럽재단의 설립초안에는 유럽의회와 유럽평의회와의 긴밀한 협력관계에 대한 언급이 없었다. 유럽의회는 유럽재단의 설립초안에 유럽의회가 예산집행이나 인사관리에 있어 감독

권과 같은 구체적인 권리를 행사할 수 있는 조항이 명시되어야 한다
고 주장했다. 그리고 유럽의회가 주요사안에 개입할 수 있는 장치를
마련하려고 했다. 다른 한편, 유럽의회는 이 재단의 설립을 통해 오
히려 유럽문화정책이 퇴보할지 모른다는 의구심을 감추지 않았다.
이렇게 해서 레오 탱드망의 목적은 달성되지 못했다. 유럽재단의 이
념은 그 후에도 여러 차례에 걸친 회담에도 불구하고 성공을 거두지
못했다.

유럽의회가 문화정책에 있어 괄목할 만한 성과를 보여주지는 못했
지만, 마스트리히트 조약의 초안에 수록된 문화 관련조항 128조는
유럽의회의 건의를 받아들인 결과라고 볼 수 있다. 그리고 유럽의회
는 마스트리히트 조약의 128조에 근거해 문화와 교육에 있어 의사
결정권을 갖게 되었다. 유럽의회는 문화활동에 종사하는 예술인들과
보다 긴밀한 대화를 추구하고, 유럽연합의 문화정책을 검토하고, 유
럽평의회나 유네스코와 같은 국제적인 기구 및 제3국과 협력한다는
기본노선을 정하고 있다.

(2) 유럽조약과 문화정책

1991년 12월 9/11일, 유럽의 각료이사회는 마스트리히트에서 유
럽통합의 법률적인 토대를 마련했다. 1992년 2월 7일에 서명되고,
1993년 11월 1일에 발효된 마스트리히트 조약은 1999년까지 경제
통합과 화폐의 완전통합을 이룰 것, 유럽공동체를 유럽연합으로 개
편할 것 등을 골자로 하고 있다. 또한 유럽의 조약 가운데서는 처음
으로 문화와 관련된 구체적인 법률조항을 담고 있다. 마스트리히트
조약의 128조는 문화의 개념과 문화정책의 구체적인 요강이 적시되
어 있다. 이 조약에 의거해 유럽의회의 공동의사결정권은 이전보다

더 강화되었다. 마스트리히트 조약의 뒤를 잇는 암스테르담 조약은 1997년 6월 16/17일에 국가수반들이 합의하고, 1997년 10월 2일에 외무장관들이 서명했다. 암스테르담 조약은 유럽의회에 집행위원회의 위원장을 선출할 수 있는 권리를 부여했다.

유럽집행위원회는 1977년에 처음으로 '문화영역에 있어서의 공동체의 활동'이라는 보고서를 제출했다. 1992년에는 '공동체의 새로운 문화개념', 1998년에는 '문화 2000' 프로그램의 초안을 선보였다. 마스트리히트 조약 이전만 해도 집행위원회나 각료이사회는 '유럽의 문화정책'에 별 다른 관심을 보이지 않았다. 유럽의회는 이미 '판티 보고서'(1983)를 통해 유럽공동체가 추진해야 할 문화정책의 이론적인 개념 정의뿐 아니라, 문화정책에 반영될 수 있는 구체적인 방안을 마련하기 위해 노력했다. 일반적으로 문화활동은 1992년까지만 해도 시장경제와 상품가치라는 측면에서 고려되어 왔다. 하지만 마스트리히트 조약의 128조에는 유럽민족의 문화와 역사에 대한 인식의 향상과 전파, 유럽적인 의미를 지니는 문화유산의 보존과 보호, 비상업적인 문화교류의 후원, 예술적 내지 문학적 창작활동의 지원이 중요한 문화정책으로 명시되어 있다.

독일인들이 우려했던 문제, 즉 유럽연합이 자국의 문화영역에 깊숙이 개입함으로써 고유문화가 훼손될지도 모른다는 우려감은 불식되었다. 그것은 '부조성의 원칙' 덕분이었다. '부조성의 원칙'은 국가 차원에서의 지원이 불가능하거나 힘든 경우에 유럽 차원에서 지원하는 원칙을 일컫는다. 다른 한편으로는 유럽각료이사회가 만장일치에 의해서만 문화와 관련된 사안을 결의할 수 있다는 '동의의 원칙' 때문이기도 했다.

1995년의 통계에 따르면, 유럽연합에서 250만 명이 문화영역에 종사하고 있다. 작품활동을 하는 인구를 포함하면, 그 수는 300만 명이 넘는다. 그리고 그것은 유럽연합의 노동인구 가운데 2퍼센트에 해당하는 숫자이며, 지속적인 증가추세에 놓여 있다. 1989년부터 1993년까지 문화영역에서의 구조조정을 위해 4억 유로가 투입되었고, 1999년까지는 전체예산 660조 유로 가운데 대략 7억 유로가 투입되었다. 그것은 '문화 2000' 프로그램에 지원된 직접성 문화예산을 포함하면, 유럽연합의 전체예산 가운데 1퍼센트에 해당하는 수치이다. 이로써 1983년의 '판티 보고서'에서 제시된 문화예산에 근접하는 액수가 되었다.

IV. 유럽의 지역문화

유럽연합은 '지방위원회'를 통해 지방정책에 관한 의견조율과 자문을 행사하고 있다. 1978년, '자치단체와 지방 유럽회의'는 '보르도 선언'에서 '문화를 지역발전의 본질적인 동인'으로 규정하고, 지방문화가 문화와 언어의 다양성을 존중하는 유럽을 건설하는 데 필요불가결한 요소'로 인식했다.5)

유럽에서는 지방분권적, 연방주의적 경향이 지난 30여 년 동안 더욱 농후해졌다. 소련의 블록화에 맞서 '아래로부터의 지방주의'를 추구한 중부유럽에서도 이러한 현상이 두드러졌다. 무엇보다 유럽평의회의 지방정책이 문화 민주주의를 꽃피우는 데 커다란 영향을 미쳤다.6) '암스테르담 조약'은 일반교육, 청소년, 문화, 건강, 범유럽적인

---

5) 다른 국가들과는 달리 독일은 유럽공동체의 확대로 인해 자치권이 줄어들고 지역주의와 연방주의가 약화될지도 모른다는 위기감을 느꼈다: "유럽의 문화와 정치를 이해하는 데 있어 핵심은 직접적인 삶의 영역을 지역 차원에서 형성하는 것이다."(FAZ vom 26.4.2000)
6) 유럽평의회는 이미 1975년에 '상설회의'를 설립했고, 1994년에는 '자치단체와

교통망과 통신 등의 증진을 도모하고 있다. 유럽 차원에서 지방문화의 발전이 평화에 기여할 수 있다는 공감대가 널리 형성되었는데, 지역과 지방의 문화적 다양성은 문화적인 탈중앙집권화와 맞물려 있다. 70년대에 '토대문화'라고 불리우던 것이 한편으로는 범유럽적인 차원에서, 다른 한편으로는 지방자치단체의 차원에서 탈중앙집권적인 경향을 보이면서 발전되기 시작한 것이다. 특히 지방이나 대도시의 대단지 거주지역에서의 일상적인 삶의 미학, 제도화된 문화기구나 단체에 대한 거리두기, 문화상업주의에 대한 비판, 방언이나 소수 언어의 보호, 지역적인 풍습과 전통의 재발견, 지역적인 문화유산의 보호, 지방축제의 육성을 통한 지방 공동체의 형성, 지역적인 정체성의 발현 등이 부각되었다. '모두를 위한 문화'는 사회문화적인 측면에서 매우 고무적이라고 할 수 있다.[7]

1978년, 스트라스부르에서 유럽평의회는 '지방, 자치단체 차원에서의 문화활동에 대한 원칙선언'을 공포했다. 이 선언은 엘리트 위주의 문화가 소수의 부류에만 한정되어 있고, 민중의 문화적 욕구에 부응하지 못하고 있는 현실을 반영한 것이다.

2차대전 이후에 설립된 '지방들의 유럽'은 '아래로부터' 운동의 결과였다. 전후에 독일과 프랑스 국경에 위치한 마을들이 지방자치단체와 지역의 협력을 도모하기 시작했다. 1956년에는 바인슈트라세에 있는 노이슈타트와 부르군트의 마송이 자매도시가 되었다. 1962년 이래로 라인란트-팔츠와 부르군트 지방은 서로 결속을 다져나갔다. 이들 도시 디종과 마인츠는 연구소를 설립하고, 상호관계의 증진을

지방 유럽회의'로 변모시켰다. 2000년 기준으로 유럽평의회의 41개 회원국의 자치단체와 지방에서 파견된 286명의 대표들이 활동하고 있다. 1997년에는 '지방자치 유럽헌장'이 공포되었다.

7) 독일에서는 헤르만 글라저가 '시민권 문화'를, 힐마르 호프만이 '모두를 위한 문화'를 주창했다.

도모했다. 특히 독일의 '오버라인회의', 그리고 프랑스의 '그랑드 레종'이 지방화에 크게 기여했다.

독일과 벨기에, 네덜란드에서도 지역간의 선린관계가 증진되었다. 세 나라의 국경지대에 위치한 '자르-룩스-로르-지역'을 주축으로 '지역간 의원위원회'가 설립되었다. 70년대 중반 이후로는 중부유럽과 동부유럽에서도 국경을 초월한 지역간의 협력이 강화되기 시작했다. 과거 한자동맹 시대에 그랬던 것처럼 오늘날에는 유럽연합의 확대와 맞물려 발트해 연안의 지역간 상호협력과 교류가 활발하게 전개되고 있다. 동유럽에서는 문화발전이 사회의 민주화, 현대화와 궤를 같이 하고 있다고 말할 수 있다. 한 마디로 말해, 유럽에서는 세계화와 동시에 지방화가 행해지고 있는 것이다.

V. 유럽의 소수민족보호

유럽평의회는 '인권과 기본자유 보호협정'을 통해 소수민족의 보호에 앞장서 왔으며, 유럽의회는 유럽에서의 인종이나 종족에 따르는 차별행위를 근절하고, 인권과 기본자유를 보장하기 위해 적극적인 활동을 전개하고 있다.[8]

독일의 신성로마제국은 360여 개의 영주국으로 분할되어 있었고, 1875년만 해도 유럽에는 진정한 의미에서 독립국이 15개에 지나지 않았다. 현재 3억 5천만 명에 이르는 유럽시민들은 50여개의 언어를 사용하고 있다. 스페인의 바스크 지방이나 북아일랜드를 제외하면,

---

[8] 로자 룩셈부르크의 말처럼 "언제나 자유는 다르게 생각하는 사람의 자유이기도 하다."(Rosa Luxemburg: Die Russische Revolution. eine kritische Würdigung. Berlin 1922, S.73)

대체적으로 소수민족의 문화와 언어에 잠재되어 있는 파괴적인 저항
의 힘은 점차 약화되고 있다. 하지만 발칸반도나 코카서스 지방에서
는 여전히 종족간의 갈등이 호전적인 형태로 나타나고 있다. 최근에
'남부티롤 민족집단 연구소'는 "유럽에 국가의 수보다 두 배나 많은
민족들, 혹은 민족의 수보다 반이 적은 국가들이 존재한다"9)는 보고
서를 제출했다. 현재 유럽에는 36개 국가와 87개의 민족이 존재하고
있다.

언어의 다양성은 유럽의 문화를 풍요롭게 만드는 요소이다. 하지
만 제한된 환경에서 사용되고 있는 지역언어나 소수민족언어는 대다
수 시민이 사용하는 공용어에 밀려 점차 그 의미를 상실해 가고 있
다. 소수민족의 언어와 문화를 보호하기 위한 노력에도 불구하고, 특
히 1990년에 코펜하겐에서 개최된 유럽안보협력회의의 규정에도 불
구하고, 소수민족의 언어와 문화는 점차 위축되어가고 있다. 전문가
들은 세계적으로 5000여개의 언어가 존재하고, 해마다 30여개의 언
어가 사멸되고 있다고 주장한다. 무엇보다 세계화의 추세에 따라 영
어가 절대적인 영향력을 행사하는 언어환경에서 소수민족언어 내지
지역언어는 점차 설 자리를 잃어가고 있는 것이다.

60년대 중반에 유럽평의회는 '지역언어 혹은 소수민족언어 헌장'
의 제정을 위한 첫발을 내디뎠다. 그리고 1992년 6월 25일, 유럽의
각료이사회는 헌장의 초안을 수용했다. 이미 유럽의 대부분 국가들
이 이 헌장에 서명하거나 비준했다. 지역언어나 소수민족언어의 보
호와 장려는 이웃국가와의 선린관계에 도움을 줄 수 있다. 만일 이
러한 언어들이 국경의 장벽을 넘어 사용된다면, 평화증진에도 기여
할 수 있다. 예를 들어, 본-코펜하겐-선언'(1995)이 발효됨으로써 슐

---

9) Christoph Pan, Beate S. Pfeil: Die Volksgruppen in Europa. Ein Handbuch.
   Wien 2000, S.118.

레스비히-홀슈타인에 거주하는 독일인들과 덴마크인들이 평화적인 공존을 모색하게 되었다. '유럽인권협정'의 14조에는 소수언어나 소수민족의 차별을 금지하는 규정이 명시되어 있다.

유럽평의회가 제정한 '소수민족 보호를 위한 토대협정'(1995)은 독일에서 1998년에 발효되었다. 이 협정은 소수민족의 평화적인 집회와 결사, 표현의 자유, 사고의 자유, 양심의 자유, 종교의 자유, 언론의 자유, 언어구사의 자유 등을 명시하고 있다. '소수민족 보호를 위한 토대협정'에 따르면, 독일 여권을 소지한 덴마크인이나 소르브인들은 이른 바 '소수민족'에 속한다. 이 협정은 전통적으로 오랜 세월에 걸쳐 독일에 거주하고 있는 프리슬란트인이나 신티인, 로마인에게도 적용된다. 이 협정에 따르면, 독일에서의 소수민족언어는 덴마크어, 소르브어, 프리슬란트어, 신티어, 로마어, 로만어 등이다. 저지독일어는 지역언어로 인정되었다.

스페인은 바스크 지역에서, 영국은 스코틀랜드에서 소수민족과 소수민족언어의 자치권을 폭넓게 인정하고 있다. 남부티롤을 둘러싼 오스트리아와 이탈리아의 분쟁은 해결된 지 오래이다. 핀란드와 노르웨이에 거주하는 원주민들은 만족할 만한 자치권을 누리고 있으며, 발트해 주변국가들도 유럽연합의 가입조건을 충족시키기 위해 소수민족의 자치권을 인정하고 있다.

하지만 프랑스의 상황은 크게 다르다. 프랑스의 헌법 2조에는 "국가통합의 상징이 프랑스어"라고 명시되어 있기 때문에 또 다른 언어의 존재는 헌법에 위배된다고 말할 수 있다. 프랑스어는 중세부터 지금까지 프랑스인들의 자긍심 속에 자리잡고 있으며, 계몽주의 시대에는 이성의 표상으로 인식되어 왔다. 브르타뉴인들이 유럽평의회의 '지역언어 혹은 소수민족언어 헌장'에 힘입어 더 많은 문화와 언어 자치권을 기대하고 있지만, 그것은 환상에 지나지 않는다. 로베르트 레데커의 말처럼 프랑스에서는 "지역언어의 진혼곡"[10]이 울려 퍼지고 있다.

1968년까지만 해도 프랑스에서는 80만 명이 브르타뉴어를 완벽하게 구사할 수 있었지만, 오늘날에는 8만 명도 채 되지 않는다. 그럼에도 불구하고 브르타뉴어로 방송되는 텔레비전 채널 'TV Breizh'이 생겨났다. 이 채널은 유럽 최초의 지역방송이다. 코르시카에서는 1990년까지만 해도 2만 명이 코르시카어를 유창하게 구사했지만, 지금은 상황이 전혀 다르다. 코르시카인들이 경제적인 이유로 고향을 등지고, 이탈리아나 알제리 등지에서 외국인들이 몰려들었기 때문이다.

1998년, 오스트리아 빈에 설립된 '인종주의와 배타주의를 관찰하기 위한 유럽국'은 인종주의와 배타주의에 대한 정보를 수집하고 연구하며, 대응방안을 마련하기 위한 독립기관이다. 1998년의 스톡홀름 회의에서 유네스코는 모든 인간이 '단일성 가운데 다양성'을 대변하는 존재라는 인식 아래 세계의 모든 시민에게 공동체로의 편입이나 활동영역, 참여권이 보장되어야 한다는 입장을 표명했다. 동등권과 비차별권의 원칙에 따라 프랑스의 코르시카인들이나 스페인의 카탈로니아인들, 그리고 서부유럽으로 이주한 터키 출신의 외국인 근로자들의 인권을 보장할 수 있는 법적, 제도적 장치가 요구되었던 것이다.

VI. 유럽연합의 미래와 유럽헌법

2000년 12월, 니스에서 유럽연합의 정상들이 유럽헌법의 초안이라고 할 수 있는 유럽헌장을 채택했다. 유럽연합이 단순한 경제공동

---

10) FAZ vom 13.12.1999.

체에서 가치공동체로 탈바꿈하는 가운데 유럽헌장은 유럽의 통합이 어떻게 확장되고 진행될지, '유럽합중국'의 헌법이 어떻게 제정될지에 관해 언급하고 있다. 하지만 유럽연합이 국가연합이나 국가연맹, 연방국가 가운데 어떠한 국가형태를 띠게 될지는 아직 미지수이다. 여하튼 유럽의 새로운 공동체는 유럽헌장의 전문에 명시되어 있듯이 '공동가치의 토대 위에서' 건설되어야 한다. 유럽평의회가 제정한 '인권과 기본자유 보호협정'에서 추구되는 유럽의 기본가치는 유럽헌장에 포함되어 있다. 앞으로 제정될 유럽헌법은 '유럽인권협정'을 수용해 인권과 시민권, 문화적 다양성 등을 천명하고, 인종차별주의나 배타주의, 반유태인주의 등을 배척할 것이다.11)

마스트리히트 조약의 전문에 '유럽과 세계의 평화, 안보, 진보를 보장하기 위해 유럽의 정체성과 독립성을 강화시켜야 한다고 명시되어 있듯이 무엇보다 '유럽의 정체성'이 관건이다. 1973년, 유럽경제공동체의 국가정상들은 코펜하겐 회담에서 처음으로 공동체의 가치 문제를 다루었다. 그리고 '유럽의 정체성에 관한 문서'를 의결했다. 이 문서에는 '경제발전의 목적이 민주주의와 법치주의, 사회정의의 실현이며, 인권을 존중하는 것이 유럽정체성의 기본요소'라는 대목이 들어 있다. 이미 1949년에 유럽평의회는 유럽 공동의 유산과 문화전통의 토양으로 민주주의, 인권의 존중, 의회주의, 사회주의국가, 인문주의, 계몽주의, 기독교 정신 등을 열거했다.

2000년 1월, 독일 외무장관 요슈카 피셔는 프랑스 국회에서 행한 연설에서 유로화를 통해 유럽의 모든 시민들이 세계정치적인 범주에서 사고할 수 있는 방법을 배우게 될 것이라고 말했다. 유로화는 유럽의 경제통합과 화폐통합의 상징이며 징표일 뿐 아니라, 유럽의 문

---

11) 스트라스부르에 본부를 둔 '유럽인권재판소'도 유럽국가들의 '유럽인권협정'의 준수 여부를 감독하고 있다.

화적인 다양성과 더불어 세계화의 추세에 맞설 수 있는 문화수단이 기도 하다. 독일 마르크가 독일연방공화국의 정치문화에 영향을 미친 것처럼 이제는 유로화가 유럽의 문화발전에 영향을 미치고 있다.

독일은 1951년에 유럽평의회에 가입하면서 동시에 '유럽인권협정'을 비준했다. 독일 연방의회 의장인 볼프강 티어제의 말처럼 유럽인권협정은 '통합의 정신적인 지주이며 이상'으로 간주되고 있다. 그리고 반세기 이상 지속되어 온 이념적인 갈등을 극복할 수 있는 정신적인 토대가 될 것이다.

후쿠야마가 말하는 '역사의 종말'이나 헌팅턴이 말하는 '문명의 충돌'이 비관적인 미래상을 제시하고 있기는 하지만, 유럽이 문화의 다양성과 인문주의 정신을 고양시키고 문화간의 대화를 이끌어간다면, 유럽과 세계의 평화가 불가능한 것만은 아니다. 유럽인들은 자유와 안전, 권리의 공간인 유럽연합에서 '유럽시민권'을 얻게 될 것이다. 유럽연합은 현재 47개국이 비준한 '유럽문화협정'을 수용함으로써 유럽을 공동의 인권과 문화의 공간으로 만들어야 한다. 그러기 위해서는 무엇보다 기본권헌장의 22조에 명시되어 있듯이 '문화와 종교, 언어의 다양성'이 보장되어야 할 것이다.[12]

VII. 유럽의 문화통합

1954년, 암스테르담에서는 '유럽문화재단'이 설립되었다. 유럽문화재단은 유럽운동에 있어 문화적, 인간적 영역을 증진시키기 위한 재

---

12) 1991년에 한스 큉은 "종교의 평화가 없이는 세계의 평화도 없다"고 말했다.(Olaf Schwenke: Kampf der Kulturen oder Weltkultur. In: Kulturpolitische Mitteilungen. Heft 77 (1997), S.4)

단이다. 이러한 목적은 1995년 6월 9일에 작성된 조문의 2조에 명시되어 있다: "재단의 목적은 다국적인 의미와 유럽의 성격을 띤 연구, 문화와 교육활동을 촉진하는 것이다." 유럽문화재단은 1957년에 암스테르담에서 '유럽의 문화'를 주제로, 1970년에는 로테르담에서 '2000년의 인간과 도시 2000'를 주제로 회의를 개최했다. 1968년부터 1975년까지 진행된 '유럽계획 2000'에서는 도시화, 사회학과 산업, 교육, 환경, 의사소통 등의 문제가 광범위하게 다루어졌다. 1990년 이후로는 중부유럽과 동부유럽의 문화지형을 바꾸기 위해 노력해왔다. 뿐만 아니라, 지중해 연안국가들의 문화교류에도 관심을 기울였다. 유럽문화재단은 유럽의 언어와 문학의 다양성, 즉 문화적 다원주의를 지키기 위해 문화와 문화정책의 조직망을 구축하고, 예술가와 청소년 프로젝트를 후원하며, 문화간 학습 등을 추진했다. 현재는 거의 모든 유럽국가들이 자체적으로 유럽문화재단의 국가위원회를 구성하고 있다.

1999년, 쾰른 정상회담에서 유럽연합의 국가정상들은 문화 프로그램 5개년 계획을 구상했다. 이들은 유럽의 통합을 위해 무엇보다 문화적인 연대감이 필요하다는 데 인식을 같이하고, '유럽 문화수도'의 선정과 문화사업을 지원하는 '문화 2000'을 주요사업으로 확정지었다. '문화 2000'은 마스트리히트 조약 이래로 유럽의 문화정책이 유럽통합의 견인차 역할을 수행하고 있다는 사실을 입증하는 프로젝트이다. 한편, 유럽각료이사회는 구조기금을 통해 문화사업을 지원하고, 유럽시민에게 유럽민족의 문화와 역사를 널리 알리고 이해시킬 수 있는 정책을 추진하기로 했다.

유럽의 온전한 모습은 영국의 국회의사당, 시엔나의 골목길, 몽마르트르 언덕, 보름스의 성당, 하이델베르크의 고성뿐 아니라, 크라카우의 고딕 건축물, 드레스덴의 츠빙어 궁정, 부다페스트의 고풍스런

다리, 한때는 유럽의 출판 중심지였던 라이프치히에서 찾아볼 수 있다. 왜냐하면 동서유럽의 도시들이 유럽의 역사와 문화, 전통을 함께 이야기해주고 있기 때문이다. 폴란드인 마리안 도브로실스키는 유럽의 대립상황을 극복할 수 있는 방안으로 문화의 중요성을 역설했다: "대서양에서 우랄에 이르는 유럽은 지정학뿐 아니라, 역사적, 문화적으로 하나의 통일체이다... 진정한 안보는... 유럽을 통일체로 인식할 때에만 비로소 가능해진다... 코페르니쿠스와 갈릴레이, 뉴튼, 혹은 파스퇴르 없이 유럽을 떠올릴 수 없다. 데카르트나 칸트, 마르크스, 혹은 레닌 없이, 셰익스피어, 괴테, 톨스토이, 혹은 하이네, 푸쉬킨, 미키비츠, 바흐, 쇼팽, 시벨리우스, 혹은 쇼스타코비츄, 레오나르도, 렘브란트, 피카소가 없는 유럽은 생각할 수도 없다. 유럽은 공동의 문명이며, 학문방식과 인문적인 사고에 있어 공동의 전통이다. 그리고 문화와 문학, 예술에서의 공동노선이다... 우리는 다시금 '유럽'이라는 개념에 최대한의 의미와 내용, 범위를 부여해야 할 시점에 와 있다... 유럽인들이 공동으로 소유하고 있는 것은 그들을 분리시키고 구별짓는 것보다 훨씬 더 강하다."[13]

VIII. 이상향으로서의 유럽연합

유럽통합은 검증되지 않은 하나의 이상향이지만, 국가의 경계선을 넘어 새로운 정체성을 확립할 수 있는 가능성이기도 하다. 또한 독일이 과거의 역사적인 상처를 치유하고 미래의 불안감을 해소할 수 있는 가능성이기도 하다. 1945년, 토마스 만은 "우리는 독일적인 유

---

13) H.-D. Jacobson/H. Machowski/D. Sager (Hrsg.): Perspektiven für Sicherheit und Zusammenarbeit in Europa. Bonn 1998. S.445f.

럽이 아니라, 유럽적인 독일을 원한다"14)고 말했다. 헤르만 뤼베의 말처럼 "미래의 유럽연합은 국가법률적으로 전혀 동일시되지 않은, 역사적으로 이전에 한 번도 존재하지 않았던 구성물"15)이다.

유럽은 민주주의와 인권의 차원에서 새로운 도전에 직면해 있다. 위르겐 하버마스는 이민자들의 처우문제에 관해 언급하면서 유럽시민권16)이 세계시민권으로 나아가는 과정이어야 한다고 역설한 바 있다: "유럽국가들은 자유로운 이민정책에 합의해야 한다. 유럽국가들은 복지의 편협주의라는 방어벽 뒤에 숨어 이주를 원하거나 망명을 신청하는 사람들이 몰려드는 걸 막아서는 안 된다. 자율의 민주적인 권리는 분명히 자신의 고유한 정치문화를 보존할 수 있는 권리를 포함한다... 하지만 특권화된 문화적인 생활형태를 주장하는 권리를 포함하지는 않는다. 민주적인 법치국가의 헌법체제 안에서 다양한 삶의 형태가 동등한 권리를 부여받고 공존해야 한다... 편협하지 않은 민주적인 국가시민권만이 세계시민으로서의 지위를 구가할 수 있는 길을 열어준다."17)

유럽통합에서 보여지는 '국가 이후의 정체성'은 공동체 의식과 안정성을 확보할 수 있어야 한다. 공동의 문화정체성을 확립하기 위해서는 문화간 대화가 무엇보다 절실히 요구된다고 하겠다. 마스트리히트 조약은 유럽통합의 종착역이 아니라, 기나긴 여정의 중간 기착

---

14) Karl Heinz Bohrer (Hrsg.): Merkur. Deutsche Zeitschrift für europäisches Denken. Heft 9/10. München 1994, S.851.

15) Karl Heinz Bohrer (Hrsg.): Merkur. Deutsche Zeitschrift für europäisches Denken. Heft 9/10. München 1994, S.856.

16) '유럽연합 시민권'은 유럽연합 회원국 내에서 누구나 자유롭게 이동하고 체류할 수 있는 권리를 일컫는다. 유럽연합의 모든 시민은 국적에 상관없이 자신의 거주지에서 지방선거나 유럽의회 선거에 참여할 수 있다.

17) Karl Heinz Bohrer (Hrsg.): Merkur. Deutsche Zeitschrift für europäisches Denken. Heft 9/10. München 1994, S.863.

지에 지나지 않는다. 어찌 보면, 유럽에서 시도되고 있는 '계몽주의 프로젝트'는 이제 막 시작되었는지도 모른다. 유럽의 국가들은 무엇보다 배타적이거나 국수주의적인 유럽통합을 통해 '요새 유럽'이 구축될지도 모른다는 우려감을 불식시키기 위해 함께 노력해야 할 것이다.

부록: 수치로 본 유럽 15개국 (1995-1996년)

그리스

수도: 아테네

화폐: 드라큼

면적: 131,900㎢

인구: 10,500,000명

인구밀도: 79.6명/㎢

출생비율: 9.9‰

사망률: 9.4‰

영아사망률: 8.3‰

평균수명 (남/녀): 75/80세

국내총생산 (연간 1인당): 11,650달러

실업률: 7.7%

산업별 고용비율: 1차산업: 21%, 2차산업: 24%, 3차산업: 55%

밀: 2100억 kg, 포도주: 390만 헥토리터, 소: 60만 마리

에너지: 아탄: 54Mt, 전기: 415억 kWh, 석유: 0.5Mt

철: 0.9Mt

수입: 189억 유로

수출: 72억 유로

네덜란드

수도: 헤이그
화폐: 플로린
면적: 37,330㎢
인구: 15,500 000명
인구밀도: 415명/㎢
출생비율: 12.3‰
사망률: 8.8‰
영아사망률: 5.5‰
평균수명 (남/녀): 74/80세
국내총생산 (연간 1인당): 19,341달러
실업률: 7.6%
산업별 고용비율: 1차산업: 4%, 2차산업: 24%, 3차산업: 72%
밀: 1200억 kg, 소: 450만 마리
에너지: 전기: 806억 kWh, 석유: 3.5Mt, 천연가스: 780억 m3
철: 6.4Mt
자동차 생산: 10만 대
수입: 1,120억 유로
수출: 1,188억 유로

덴마크

수도: 코펜하겐
화폐: 크라운

면적: 43,090㎢

인구: 5,200,000명

인구밀도: 120.7명/㎢

출생비율: 13.4‰

사망률: 12.1‰

영아사망률: 5.4‰

평균수명 (남/녀): 73/78세

국내총생산 (연간 1인당): 21,502달러

실업률: 10.7%

산업별 고용비율: 1차산업: 5%, 2차산업: 26%, 3차산업: 69%

밀: 4000억 kg, 소: 210만 마리

에너지: 전기: 400억 kWh, 석유: 9.1Mt

철: 0.6Mt

수입: 260억 유로

수출: 315억 유로

독 일

수도: 베를린

화폐: 마르크

면적: 356,910㎢

인구: 81,700,000명

인구밀도: 229명/㎢

출생비율: 9.3‰

사망률: 10.7‰

영아사망률: 5.5‰

평균수명 (남/녀): 72/79세

국내총생산 (연간 1인당): 20,307달러

실업률: 8.6%

산업별 고용비율: 1차산업: 4%, 2차산업: 38%, 3차산업: 58%

밀: 170억 kg, 포도주: 1130만 헥토리터, 소: 1590만 마리

에너지: 석탄: 59Mt, 아탄: 192Mt, 전기: 5330억 kWh, 석유: 3Mt, 천연가스: 200억 m3

철: 41.8Mt

자동차 생산: 450만 대

수입: 2,925억 유로

수출: 3,246억 유로

룩셈부르크

수도: 룩셈부르크

화폐: 룩셈부르크 프랑

면적: 2,586km²

인구: 413,000명

인구밀도: 159.7명/km²

출생비율: 13.2‰

사망률: 9.3‰

영아사망률: 5.3‰

평균수명 (남/녀): 73/79세

국내총생산 (연간 1인당): 30.596달러

실업률: 3.4%

산업별 고용비율: 1차산업: 3%, 2차산업: 26%, 3차산업: 71%

밀: 50억 kg, 포도주: 15만 헥토리터, 소: 20만 마리

에너지: 전기: 11억 kWh

철: 2.6Mt

수입: 63억 유로

수출: 57억 유로

벨기에

수도: 브뤼셀

화폐: 벨기에 프랑

면적: 30,521㎢

인구: 10,200,000명

인구밀도: 334명/㎢

출생비율: 11.4‰

사망률: 10.5‰

영아사망률: 7.6‰

평균수명(남/녀): 73/80세

국내총생산 (연간 1인당): 20,852달러

실업률: 9.7%

산업별 고용비율: 1차산업: 3%, 2차산업: 29%, 3차산업: 68%

밀: 1400억 kg, 소: 310만 마리

에너지: 전기: 740억 kWh

철: 11.5Mt

자동차 생산: 470,000대

수입: 937억 유로

수출: 1,003억 유로

스웨덴

수도: 스톡홀름

화폐: 크로나

면적: 449,964km²

인구: 8,800,000명

인구밀도: 19.6명/km²

출생비율: 11.7‰

사망률: 11‰

영아사망률: 4.4‰

평균수명 (남/녀): 76/81세

국내총생산 (연간 1인당): 18,201달러

실업률: 7.7%

산업별 고용비율: 1차산업: 4%, 2차산업: 25%, 3차산업: 71%

밀: 1600억 kg, 소: 190만 마리

에너지: 석탄: 전기: 1430억 kWh

철: 4.9Mt

자동차 생산: 46.9만대

수입: 395억 유로

수출: 462억 유로

스페인

수도: 마드리드
화폐: 페스타
면적: 504,782㎢
인구: 39,300,000명
인구밀도: 77.9명/㎢
출생비율: 9‰
사망률: 9‰
영아사망률: 7.2‰
평균수명 (남/녀): 73/81세
국내총생산 (연간 1인당): 14,216달러
실업률: 24.4%
산업별 고용비율: 1차산업: 10%, 2차산업: 31%, 3차산업: 59%
밀: 2900억 kg, 포도주: 2040만 헥토리터, 소: 500만 마리
에너지: 석탄: 18Mt, 전기: 1630억 kWh, 석유: 0.6Mt
철: 13.9Mt
자동차 생산: 230만 대
수입: 652억 유로
수출: 543억 유로

아일랜드

수도: 더블린
화폐: 아일랜드 파운드

면적: 70,283㎢

인구: 3,600,000명

인구밀도: 51.2명/㎢

출생비율: 13.4‰

사망률: 8.6‰

영아사망률: 5.9‰

평균수명 (남/녀): 74/79세

국내총생산 (연간 1인당): 16,431달러

실업률: 15.2%

산업별 고용비율: 1차산업: 14%, 2차산업: 28%, 3차산업: 58%

밀: 460억 kg, 소: 640만 마리

에너지: 전기: 175억 kWh

수입: 175억 유로

수출: 242억 유로

영 국

수도: 런던

화폐: 파운드

면적: 244,880㎢

인구: 58,800,000명

인구밀도: 240명/㎢

출생비율: 12.9‰

사망률: 10.7‰

영아사망률: 6.2‰

평균수명 (남/녀): **74/79**세

국내총생산 (연간 1인당): **18,360**달러

실업률: **9.7%**

산업별 고용비율: 1차산업: **2%**, 2차산업: **29%**, 3차산업: **69%**

밀: **14500**억 **kg**, 소: **1170**만 마리

에너지: 석탄: **50Mt**, 전기: **3330**억 **kWh**, 석유: **130Mt**, 천연가스: **740**억 **m3**

철: **17.7Mt**

자동차 생산: **170**만대

수입: **1,789**억 유로

수출: **1,536**억 유로

오스트리아

수도: 비에나

화폐: 쉴링

면적: **83,849㎢**

인구: **8,100,000**명

인구밀도: **96.6**명/㎢

출생비율: **11‰**

사망률: **10‰**

영아사망률: **5.5‰**

평균수명 (남/녀): **73/80**세

국내총생산 (연간 1인당): **20,907**달러

실업률: **4.4%**

산업별 고용비율: 1차산업: **7%**, 2차산업: **35%**, 3차산업: **58%**

생산: 밀: **11억 kg**, 포도주: **190만 헥토리터**, 소: **240만 마리**

에너지: 전기 **560억 kWh**, 석유: **1Mt**

철: **5Mt**

수입: **430억 유로**

수출: **343억 유로**

이탈리아

수도: 로마

화폐: 리라

면적: **301,270㎢**

인구: **57,300,000명**

인구밀도: **190명/㎢**

출생비율: **9.2‰**

사망률: **9.6‰**

영아사망률: **8.3‰**

평균수명 (남/녀): **74/80세**

국내총생산 (연간 1인당): **19,536달러**

실업률: **11.4%**

산업별 고용비율: 1차산업: **7%**, 2차산업: **32%**, 3차산업: **61%**

밀: **7,900억 kg**, 포도주: **5,850만 헥토리터**, 소: **740만 마리**

에너지: 전기: **2,430억 kWh**, 석유: **4.9Mt**

철: **27.6Mt**

자동차 생산: **160만 대**

수입: 1,260억 유로

수출: 1.438억 유로

포르투갈

수도: 리스본

화폐: 에스쿠도

면적: 92,390km²

인구: 9,900,000명

인구밀도: 107.2명/km²

출생비율: 10.7‰

사망률: 9.9‰

영아사망률: 7.9‰

평균수명 (남/녀): 71/78세

국내총생산 (연간 1인당): 12,849달러

실업률: 6.7%

산업별 고용비율: 1차산업: 12%, 2차산업: 32%, 3차산업: 56%

밀: 300억 kg, 포도주: 850만 헥토리터, 소: 130만 마리

에너지: 전기: 285억 kWh

철: 0.8Mt

수입: 206억 유로

수출: 130억 유로

프랑스

수도: 파리
화폐: 프랑
면적: 551,500㎢
인구: 58,400,000명
인구밀도: 105.9/㎢
출생비율: 12.5‰
사망률: 9.1‰
영아사망률: 6.1‰
평균수명 (남/녀): 74/82세
국내총생산 (연간 1인당): 19,955달러
실업률: 12.2%
산업별 고용비율: 1차산업: 5%, 2차산업: 28%, 3차산업: 67%
밀: 30 700억 kg, 포도주: 5600만 헥토리터, 소: 2040만 마리
에너지: 석탄: 7Mt, 전기: 4920억 kWh, 석유: 2.5Mt
철: 18.1Mt
자동차 생산: 350만 대
수입: 1,843억 유로
수출: 1,848억 유로

핀란드

수도: 헬싱키
화폐: 마르카

면적: 338,130㎢

인구: 5,100,000명

인구밀도: 15.1명/㎢

출생비율: 12.4‰

사망률: 9.7‰

영아사망률: 4.7‰

평균수명 (남/녀): 73/80세

국내총생산 (연간 1인당): 17,188달러

실업률: 17.3%

산업별 고용비율: 1차산업: 9%, 2차산업: 27%, 3차산업: 64%

밀: 300억 kg, 소: 120만 마리

에너지: 전기: 620억 kWh

철: 3.2Mt

수입: 154억 유로

수출: 200억 유로

부록: 유럽의 정치와 문화 연감

1945년
5월 8일: 제2차 세계대전이 종결되다.

1946년
9월 19일: 윈스턴 처칠이 취리히에서 유럽의 젊은이들에게 연설하다.

1947년
6월 3일: 유럽의 사회주의자들이 파리 근교의 몽루쥬에서 '유럽 합중국'의 사회주의적인 노선을 구상하다.

1948년
4월 16일: 파리에서 유럽 경제협력기구를 창설하다.
5월 7/10일: 유럽통합을 위한 윈스턴 처칠의 기초연설을 토대로 헤이그에서 유럽의회가 구성되다.
10월 25일: 유럽의 모든 단체를 총괄하는 '유럽 운동'이 세워지다.
11월 23일: '유럽 운동'이 유럽의회의 설립을 위한 초안을 제시하다.
12월 10일: UN이 보편적인 인권을 선언하다.

1949년

1월 25일: 동유럽 국가의 대표들이 모스크바에서 상호경제협력 협의체를 세우다.

4월 4일: 서유럽 10개국과 미국, 캐나다가 워싱턴에서 북대서양조약기구의 설립에 서명하다.

5월 5일: 유럽 10개국이 런던에서 유럽평의회의 규약에 서명하다.

12월 8/12일: 로잔에서 처음으로 '유럽 운동'의 유럽 문화회의가 열리다.

1950년

5월 9일: 프랑스의 외무장관 로베르 슈만이 독일과 프랑스의 석탄-철강 생산을 통합하려는 장 모네의 구상을 구체적으로 제시하다.

10월 1일: 유럽 자치단체 평의회가 세워지다.

11월 4일: '인권과 기본자유의 보호를 위한 유럽 협정'이 로마에서 서명되어 1953년 10월 3일에 발효되다.

1951년

4월 15일: 파리에서 유럽석탄철강공동체의 설립을 위한 조약이 체결되어 1952년 7월 25일에 발효되다.

5월 2일: 독일연방이 처음으로 유럽평의회의 자문회의에 정회원국으로 참석하다.

1953년

6월 17일: 동베를린과 동독에서 노동자들이 시위를 벌이다.

1954년

10월: 유럽 문화재단이 활동을 시작하다.

12월 12일: 유럽평의회의 유럽문화협정이 파리에서 서명되다.

1955년

6월 1/2일: 메시나 회의에서 유럽석탄철강유럽공동체에 속한 6개국의 외무장관들이 경제 전반에 걸친 통합의 확대와 유럽 공동시장의 조성, 핵에너지의 평화적인 사용을 위해 노력하기로 의결하다.

1957년

3월 25일: 유럽경제공동체와 유럽원자력공동체의 설립을 위한 조약이 로마에서 체결되어 1958년 1월 1일에 발효되다.

1959년

7월 21일: 유럽 경제공동체에 속하지 않는 서유럽의 7개국이 유럽자유무역지대를 결성하다.

1960년

1월 4일: 스톡홀름에서 유럽 자유무역 연합의 설립을 위한 조약이 체결되다.

12월 14일: 경제협력발전 기구의 설립을 위한 조약이 체결되다.

1961년

2월 10/11일: 유럽경제공동체의 정상들이 유럽의 정치연합을 위해 긴밀하게 협력하기로 의결하다.

8월 13일: 베를린 장벽이 세워진다.
12월 16일: 유럽평의회에 속한 장관회의에서 문화협력을 위한 위원회의 설립이 의결되다.

1962년
1월 14일: 공동농업정책이 시행되고, 농업정책방향과 보장기금이 설립되다.

1964년
5월 25/31일: 베니스 헌장이 공포되다.

1965년
4월 8일: 세 개의 공동체, 즉 유럽석탄철강공동체, 유럽경제공동체, 유럽원자력공동체의 합병과 더불어 공동평의회와 집행위원회의 결성을 위한 조약이 체결되어 1967년 7월 1일에 발효되다.

1966년
12월 19일: 경제와 사회, 문화의 권리를 위한 국제조약이 체결되다.

1968년
7월 1일: 유럽 경제공동체의 관세동맹이 현실화되다.
8월 21일: 바르샤바 조약기구의 군대가 체코슬로바키아를 점령하다.

1969년
12월 1/2일: 헤이그 정상회의에 참석한 6개국의 국가수반들이 외교정책에 관해 협조하기로 의결하다.

1971년

1월 18일: 루드비히 반 베토벤의 제9번 교향곡에서 대단원 합창인 '환희의 송가'가 유럽공동체의 국가로 선언되다.

1972년

4월 7/11일: 아르크 에 세낭에서 유럽평의회의 전문가 콜로키엄 "미래와 문화발전"이 열리다.

10월 19/20일: 파리에서 유럽공동체의 정상들이 1980년까지 유럽연합을 실현하기로 의결하다.

11월 23일: 파리에서 개최된 유네스코 총회에서 세계의 문화유산과 자연유산의 보호를 위한 합의서가 작성되다.

11월 26/30일: 헬싱키에서 유네스코 주최로 유럽의 문화정책을 위한 국제회의가 열리다.

1973년

1월 1일: 덴마크와 아일랜드, 영국이 유럽경제공동체에 가입하다.

9월18일: 서독과 동독이 UN에 가입하다.

12월 14/15일: 코펜하겐에서 유럽공동체의 국가정상들이 "유럽의 정체성"에 관해 논의하고, "유럽연합"의 건설을 선언하다.

1974년

1월 9/10일: 파리에서 유럽공동체의 국가수반들이 직접선거를 통해 유럽의회를 구성하기로 합의하다.

1975년

유럽평의회가 "우리의 과거를 위한 미래"를 조망하기 위해 기념물 보호의 해로 정하다.

2월 28일: 유럽공동체가 아프리카, 카리브해, 태평양 연안의 46개 국과 '로메 조약'을 체결하다.

8월 1일: 헬싱키에서 유럽안보협력기구의 참가국들이 폐회선언에 서명하다.

9월 26일: 유럽평의회가 유럽의 기념물 보호를 위한 헌장을 제정하다.

10월 24일: 유럽평의회에서 기념물 보호를 위한 '암스테르담 선언'이 이루어지다.

12월 29일: 레오 탱드망이 "유럽의 문화재단"의 설립을 위한 초안을 제시하다.

1976년

6월 5/17일: 오슬로에서 유럽평의회의 문화장관들이 "문화정책의 원칙"을 천명하다.

11월 30일: 나이로비에서 개최된 유네스코 회의가 "문화적인 삶에 대한 모든 시민계급의 참여와 협력"을 권고하다.

1977년

4월 5일: 브뤼셀에서 유럽의회와 유럽 이사회, 집행위원회의 대표들이 기본권 공동선언에 서명하다.

1978년

1월 30일/2월 1일: 유럽평의회가 보르도에서 지역화의 문제를 논의하다.

6월 21일: 유럽 회의에서 "문화영역에서의 자치단체와 지역의 역할과 책임"이 논의되다.

7월 6/7일: 브레멘에서 프랑스와 독일이 유럽 화폐제도의 개혁을 논의하다.

12월 4/5일: ECU라는 명칭이 브뤼셀에서 채택되다.

1979년

3월 13일: 유럽 화폐제도가 발족하다.

6월 7/10일: 회원국의 시민들이 처음으로 직접선거를 통해 410명의 유럽 의원을 선출하다.

7월 17/20일: 스트라스부르에서 유럽의회가 열리다.

10월 31일: 제2차 로메 조약이 체결되다.

1981년

1월 1일: 그리스가 유럽공동체에 가입하다. 공동체가 남부유럽으로 확대되다.

1982년

5월 24일: 스트라스부르에서 개최된 유럽평의회에서 문화장관들이 "문화의 목적설정에 관한 선언"을 발표하다.

7월 26일/8월 6일: 멕시코시티에서 유네스코의 문화정책에 관한 세계회의가 열리다.

1983년

7월 17/19일: 슈투트가르트에서 유럽의 10개국이 유럽연합의 설립을 표방하다.

11월 18일: 유럽의회가 "문화영역에서 공동체 행위의 강화"를 결의하다.

1984년

2월 14일: 유럽연합의 건설을 위한 알티에로 스피넬리의 초안이 유럽의회에서 다수결로 채택되다.

5월 12일: 베를린에서 개최된 유럽평의회에서 문화장관들이 "유럽 문화선언"을 발표하다.

6월 14/17일: 유럽의회의 구성을 위한 두 번째 직접선거를 통해 434명의 의원이 선출되다. (1986년에는 의원수가 스페인과 포르투갈의 가입으로 518명으로 늘어난다)

12월 8일: 제3차 로메 조약이 체결되다.

1985년

6월 14일: 독일과 프랑스, 베네룩스 3국이 '솅엔 조약'을 체결하다.

1986년

1월 1일: 스페인과 포르투갈이 유럽공동체에 가입하다.

2월 17/18일과 28일: 12개국이 유럽통합을 가속화하기 위해 유럽 단일협정에 서명하고, 1987년 7월 1일에 발효시키다.

5월 29일: 푸른 바탕에 노란별을 그려 넣은 유럽 국기가 채택되다. 유럽 국가의 연주와 더불어 브뤼셀의 베를레몽 빌딩 앞에서 처음으로 게양되다.

1987년

1월 29일: 파리에서 유네스코가 "문화발전을 위한 세계 10년"을 선언하다.

6월 15일: 학생들의 교류를 장려하기 위해 에라스무스 프로그램이 시행되다.

1988년

3월 29일: '체치니 보고서'가 유럽의 내수시장 정책의 주요자료가 되다.

6월 27/28일: 하노버에서 개최된 유럽공동체의 정상회의에서 경제화폐연합을 위한 전문 위원회의 구성을 합의하다.

10월 24일: 각료이사회가 유럽재판소의 설립을 의결하고, 1989년 11월 1일에 룩셈부르크에서 유럽재판소가 업무를 시작하다.

11월 18일: 유럽의회가 "지역화의 공동체 헌장"을 의결하다.

1989년

6월 14/16일: 마드리드에서 개최된 유럽 정상회의에서 '들로르 보고서'가 인준되다.

6월 15/28일: 세 번째 직접선거를 통해 유럽의회가 구성되다.

12월 15일: 유럽공동체가 68개국과 제4차 로메 조약을 체결하다.

1990년

6월 5/29일: 유럽 안보협력 회의가 "인간의 영역"을 논의하다.

10월 3일: 독일의 통일로 동독이 유럽공동체에 속하다.

11월 19/21일: 파리에서 유럽 안보협력 회의와 유럽 정상회의가 열리다. 34개국의 수반들이 "새로운 유럽을 위한 파리 헌장"에 서명하다.

1991년

5월 28일/6월 7일: 크라카우에서 유럽 안보협력 회의가 문화에 관련된 논의를 하다.

1992년

2월 7일: 유럽연합을 위한 조약이 마스트리히트에서 조인되다.

5월: 유럽 집행위원회가 공동체의 새로운 문화개념을 제시하다.

11월 5일: 스트라스부르에서 유럽평의회가 지역-소수언어의 유럽헌장을 공포하다.

1993년

1월 1일: 유럽의 내수시장이 실현되다.

6월 21/22일: 코펜하겐에서 개최된 유럽 정상회의에서 동부유럽의 확대가입이 천명되다.

10월 7/9일: 빈에서 유럽평의회의 회원국 정상들이 회의를 열다.

12월 15일: 우루과이 라운드로 인해 GATT 협정이 체결되다.

1994년

1월 1일: 프랑크푸르트에 유럽통화연구소가 세워지다.

3월 9/10일: 유럽연합 조약에 의해 생겨난 지역위원회가 브뤼셀에서 회의를 열다.

5월 26/27일: 파리에서 유럽의 안정성을 위한 회의가 열리다.

6월 9/12일: 네 번째 직접선거를 통해 유럽의회의 의원수가 567명으로 늘어나다.

12월 1/2일: 스트라스부르에서 개최된 제11차 유럽 지역회의에서 282개 지역과 23개 국가의 대표들이 마스트리히트 조약의 개정에 참여시켜 달라고 요구하다.

12월 5/6일: 부다페스트에서 개최된 유럽 안보협력 회의에서 "새로운 시대에서의 진정한 동반자 관계로 나아가는 길"이 선언된다. 유럽 안보협력 회의가 유럽 안보협력 기구로 개명되다.

1995년

1월 1일: 오스트리아와 핀란드, 스웨덴이 유럽연합에 가입하다.

1월 18일: 유럽의회의 비준을 받아 자크 상테르를 중심으로 새로운 유럽 집행위원회가 구성되다.

2월 1일: 유럽평의회가 스트라스부르에서 소수민족의 보호를 위한 합의문을 공포하다.

7월 26일: 브뤼셀에서 유럽경찰 (유로폴) 협정이 조인되다.

11월: 유네스코가 "우리의 창의적인 다양성"이라는 보고서를 내놓다.

12월 15일: 유럽 이사회가 유럽의 단일통화인 유로를 도입하는 데 필요한 준비서를 채택하다.

1996년

2월 29일: 러시아가 39번째 회원국으로 유럽평의회에 가입하다.

3월 1/2일: 방콕에서 유럽연합의 정상들이 아시아국의 정상들과 아시아-유럽 정상회의를 갖다.

11월 6일: 크로아티아가 40번째 회원국으로 유럽평의회에 가입하다.

12월 14일: 유럽 이사회가 더블린에서 경제-화폐 통합에 있어서의 안정적인 성장에 합의하다.

1997년

3월 25일: 유럽연합의 외무장관들이 로마 조약 조인 40주년을 기념하다.

10월 2일: 유럽연합의 외무장관들이 암스테르담 조약에 서명하다.

10월 10/11일: 스트라스부르에서 유럽평의회의 정상회의가 열리다.

11월 20/21일: 유럽 이사회가 룩셈부르크에서 유럽의 노동시장 상황에 대해 논의하다.

12월 12/13일: 유럽 이사회가 헝가리와 폴란드, 에스토니아, 체코, 슬로베니아의 유럽연합 가입에 관해 논의하기로 합의하다.

1998년

3월 12일: 런던에서 유럽연합 회원국들이 키프러스를 포함해 중부-동부 유럽의 10개 가입 신청국과 회의를 갖다.

3월 17일: 집행위원회가 "아젠다 2000"을 채택하다.

3월 30일/4월 2일: 유네스코가 스톡홀름에서 문화정책에 관한 세계회의를 열다.

5월 1일: 유럽 각료이사회가 영국과 덴마크, 스웨덴, 그리스를 제외한 11개 회원국들의 유로 참여를 결의하다.

6월 1일: 유럽 중앙은행이 세워지다.

6월 15/16일: 카르디프에서 개최된 유럽 각료이사회에서 15개국의 정상들이 성장과 복지, 직업, 사회통합을 촉진시키는 정책을 입안하다.

10월 1일: "인종차별주의와 외국인 적대주의를 관찰하는 유럽청"이 문을 열다.

12월 11/12일: 빈에서 개최된 각료이사회에서 유럽연합의 정상들이 이른 바 "유럽을 위한 빈 전략"을 제시하다. 헬무트 콜에게 '유럽의 명예시민' 증서가 수여되다.

1999년

1월 1일: 유럽의 통화화폐인 유로가 공식적으로 유통되기 시작하다.

3월 24/25일: 베를린에서 개최된 각료이사회에서 이탈리아의 로마노 프로디가 유럽 집행위원회의 위원장으로 선출되다.

5월 1일: 암스테르담 조약이 발효되다.

5월 7일: 유럽평의회가 '부다페스트 선언'을 발표하다.

6월 5/6일: 쾰른에서 개최된 각료이사회가 "유럽연합의 기본권 헌장"을 개정하기로 합의하다.

6월 10/13일: 다섯 번째로 유럽의회의 직접선거가 시행되다.

2000년

'평화의 문화를 위한 해'로 정하다.

2월 14일: 유럽의회에서 "문화 프로그램 2000"이 의결되다.

7월 28일: 로만 헤어초크가 브뤼셀에서 기본권 헌장의 초안을 제시하다.

9월 28일: 로만 헤어초크가 브뤼셀에서 문화와 관련된 조항을 포함한 54개조의 헌장 개정안을 제출하다.

10월 14일: 비아리츠에서 유럽연합의 정상들이 헌장 초안에 동의하다.

12월 7일: 니스에서 유럽의 국가수반들이 유럽의 각료이사회와 집행위원회, 유럽의회의 서명과 더불어 유럽연합의 기본권 헌장에 서명하다.

2001년

다양한 문화 사이의 대화의 해로 정하다.

참고문헌

영어 문헌

Ayers (Philip), Classical Culture and the Idea of Rome in Eighteenth-Century England, (October 1997).

Cicioni (Mirna, Editor), Prunster (Nicole, Editor), Visions and Revisions : Women in Italian Culture (Berg European Studies Series), (September 1993).

Crane (Robert, Editor), European Business Culture, (October 1999).

Dean (John, Editor), Gabilliet (Jean-Paul, Editor), European Readings of American Popular Culture, (February 28, 1996).

Debray (Regis), Transmitting Culture (European Perspectives: A Series in Social Thought and Cultural Criticism), Eric Rauth (Translator), (August 15, 2000).

Eisenstadt (Shmuel N.), European Civilization in a Comparative Perspective : A Study in the Relations Between Culture and Social Structure.

Harris (Tim, Editor), Popular Culture in England, C.1500-1850, (July 1995).

Hilton (Matthew), Smoking in British Popular Culture 1800-2000 :

Perfect Pleasures (Studies in Popular Culture (Manchester, England), (March 2000).

Hoffman, Culture and Society in Contemporary Europe : A Casebook (Casebook Series on European Politics and Society ; No. 2), (September 1981).

Isaacs (Alan, Editor), The Cassell Encyclopaedia of 20th Century European Culture, (August 1993).

Kardulias (P. Nick, Editor), Shutes (Mark T., Editor), Studies of Culture and Environment on the European Fringe (Greek Studies : Interdisciplinary Approaches) (November 1, 1997).

Kraus(Elisabeth, Editor), Simulacrum America : The USA and the Popular Media (European Studies in America Literature and Culture), et al (August 1999).

Kroes(R. Editor), Cultural Transmissions and Receptions : American Mass Culture in Europe (European Contributions to American Studies, Vol 25), et al (April 1993).

Kupperman (Karen Ordahl, Editor), America in European Consciousness, 1493-1750 (Institute of Early American History and Culture), Institute of Early American History and (February 1995).

Lehmann (A. G.), The European Heritage : An Outline of Western Culture.

Matejka (Ladislav), Stolz (Benjamin, Editor), Cross Currents, 4 : A Yearbook of Central European Culture (Michigan Slavic Materials, No 25). Matejka (Ladislav), Cross Currents : A Yearbook of Central European Culture, 1982, (October 1982).

Matejka (Ladislav, Editor), Cross Currents 9 : A Yearbook of Central European Culture (Michigan Slavic Materials, No. 32), (January 1990).

Matejka (Ladislav, Editor), Cross Currents : A Yearbook of Central European Culture : Number 11.

Midgeley (Magdelina S.), Trb Culture : The First Farmers of the North European Plain, (November 1992).

Morrison (James), Passport to Hollywood : Hollywood Films, European Directors (Suny Series in Postmodern Culture), Paperback (October 1998).

Pears (Iain), The Discovery of Painting : The Growth of Interest in the Arts in England, 1680-1768, (August 1991).

Roshwald (Aviel, Editor), Stites (Richard, Editor), European Culture in the Great War : The Arts, Entertainment, and Propaganda, 1914-1918 (Studies in the Social and Cultural History of Modern Warfare), (May 1999).

Russello (Gerald J., Editor), Christianity and European Culture : Selections from the Work of Christopher Dawson, Christopher Dawson (October 1998).

Shapin (Steven), A Social History of Truth : Civility and Science in Seventeenth-Century England (Science and Its Conceptual Foundations), (June 1994).

Smuts (R. Malcolm), Court Culture and the Origins of a Royalist Tradition in Early Stuart England, (April 1999).

Smuts (R. Malcolm), Culture and Power in England, 1585-1685 (Social History in Perspective), (October 1999).

Solomon (Robert C.), History and Human Nature : A Philosophical Review of European Philosophy and Culture, 1750-1850, (July 1, 1984). Thomson (Rodney M.), England and the 12Th-Century Renaissance (Variorum Collected Studies Series, Vol 620), (October 1998).

독일어 문헌

Boldt, Hans: Die Europäische Union. Geschichte, Struktur, Politik. Mannheim 1995.

Mermet, Gerard: Die Europäer. Länder, Leute, Leidenschaft. München 1993.

Endlich, Hans/Mögenburg, Harm: Deutschland, einig Vaterland. Abgang einer Diktatur, Chance eines Neuanfangs. Frankfurt/M 1991.

Pfetsch, Frank R.: Die Europäische Union. Geschichte, Institutionen, Prozesse. München 1997.

Sarrazin, Thilo: Der EURO-Chance oder Abenteuer? Bonn 1997.

Schulz, Klaus: Deutche Geschichte und Kultur. Bilder aus 2000 Jahren. Ismaning 1972.

Thun-Hohenstein, Christoph: Die Angst des Bürgers vor Europa. Die EU als Heausforderung. Wien 1996.

Weidenfeld, Werner/Wessels, Wolfgang (hrsg.): Europa von A-Z. Taschenbuch der europäischen Integration. Bonn 1995.

Zettl, Erich: Deutschland in Geschichte und Gegenwart. Ein Überblick. Ismaning 1993.

불어 문헌

Adeline (Antoine), La Vie politique française, Hachette, 1994.

Ariès (Philippe), Sexualités occidentales (Communications 35), Point, 1982.

Biet (Christian), 20e siècle, Editions Mafnard, 1987.

Boucher (F.), Guide de l'Europe des 15, Nathan, 1998.

Bultez (C.), Démarches quotidiennes, Nathan, 1998.

Caron (R.), L'Etat et la culture, Economica, 1989.

Charrié (Jean-Paul), Les Activités industrielles en France, Masson, 1995.

Cointet (M.), Histoire culturelle de la France, 1918-1959, Sedes, 1989.

Courbon (J.P.), Histoire du monde contemporain, Nathan, 1998.

Cruzille (Claude), Abbayes et cathédrales de France, Hachette, 1993.

Curtet (Francis), La Drogue, Les Essentiels Milan, 1995.

De Gunten (B.), Les Institutions de la France, Nathan, 1998.

Delouche (Frédéric), Histoire de l'Europe, Hachette, 1997.

Donnat (O.), Politique culturelle et débat sur la culture, Esprit, novembre 1988.

Duby (Georges), Grand atlas historique, Larousse, 1999.

Duby (Georges), Histoire de la civilisation française, Collin, 1984.

Feyel (Gilles), Les Romains, Hachette, 1994.

Fumaroli (M.), L'Etat culturel, une religion moderne, LGF, 1992.

Hamilton (Edith), La Mythologie, Editions Marabout, 1978.

Histoire universelle de l'art, France Loisir, 1988.

Jeancolas (Jean-Pierre), Histoire du cinéma français, Nathan, 1995.

Joint (P.), La Géographie de l'Europe des 15, Nathan, 1998.

Julliard (Claire), L'Action humanitaire, CLE, 1997.

Karvar (Anousheh), Histoire des sciences, Hachette, 1996.

Kimmel (A.), Vous avez dit France?, Hachette, 1992.

Labrune (G.), La Géographie de la France, Nathan, 1998.

Laporté (Michel), La Chanson française, Hachette, 1993.

Mauchamps (Nelly), La France d'aujourd'hui, CLE, 1991.

Mauchamps (Nelly), La France de toujours, CLE, 1987.

Mauchamps (Nelly), Les Français (mentalités et comportements), CLE, 1998.

Maurin (Louis), Les Français, Les Essentiels Milan, 1995.

Meuleau (Maurice), Les Grecs, Hachette, 1994.

Michaud (G.), Kimmel (A.), Le nouveau guide France, Hachette, 1997.

Milza (Pierre), "Un siècle d'immigration", Sciences humaines, pp. 18-21, Juillet 1999.

Monnerie (Annie), La France aux cent visages, Hatier, 1996.

Ory (P.), L'Aventure culturelle, Flammarion, 1989.

Paulet (J.P.), La Géographie du monde, Nathan, 1999.

Prévost (Jean-Marc), L'Art contemporain, Les Essentiels Milan, 1997.

Puppert (Jacques), Le Costume français, Flammarion, 1996.

Rigaud (J.), Libre culture, Gallimard, 1990.

Roussel (Elyette), La belle époque, CLE, 1996.

Sepot (J.Y.), L'Economie du monde, Nathan, 1998.

Talamon (Laure), Les hauts lieux de l'histoire du monde, Larousse, 1999.

Tarnero (Jacques), Mai 68 (la révolution fiction), Les Essentiels Milan, 1998.

Vanoye (F.), Le Cinéma, Nathan, 1998.

●저 자●

김 남 연   연세대학교 문과대학 불어불문학과를 졸업, 프랑스 리용 3대학에서 박사학위를
          취득, 현재 연세대강의

          ● 저 서 ●
          『리앙 그런 작품에 나타난 악의 문학적 표현 연구』, 『프랑스어 문법과 작문』
          외 다수

김 이 섭   연세대학교 문과대학 독어독문학과를 졸업
          미국 캘리포니아 주립대학과 독일 하이델베르크 대학에서 수학
          독일 자르브뤽켄 대학에서 박사학위를 취득, 현재 연세대강의

          ● 저서 · 역서 ●
          『하인리히 뵐의 「어느 어릿광대의 견해」에서 보여지는 이원성, 인문주의, 이상
          향』, 『영독-독영 유사단어 대역사전』, 『T. S. 엘리엇』, 『수레바퀴 아래서』, 『세
          계 풍속사』, 『세계신화 이야기』, 『기묘한 관계』, 『로마 황제들의 눈물』, 『통일
          독일의 문화와 예술』, 『모차르트』 외 다수

현대 유럽의 사회와 문화

●초판 인쇄   2004년 8월 20일
●초판 발행   2004년 8월 25일
●지 은 이   김남연 · 김이섭
●펴 낸 이   채종준
●펴 낸 곳   한국학술정보㈜
             경기도 파주시 교하읍 문발리 538-2
             파주출판문화정보산업단지
             전화 031) 908-3181(대표) · 팩스 031) 908-3189
             홈페이지 http://www.kstudy.com
             e-mail(e-Book사업부) ebook@kstudy.com

●등   록   제일산-115호(2000. 6. 19)
●가   격   29,000원

ISBN   89-534-1973-5 93750 (Paper Book)
        89-534-1974-3 98750 (e-Book)